职业教育·新能源汽车类专业教材

U0649166

新能源汽车动力蓄电池系统构造与检修

主　编　王志君　曲丽娟　孙璐姿

副主编　张希虎　于　慧

主　审　时雅雯

人民交通出版社

北　京

内 容 提 要

本书是职业教育新能源汽车类专业教材,介绍了新能源汽车动力蓄电池系统的相关知识。其主要内容包括新能源汽车动力蓄电池基础概述、动力蓄电池系统构造认知、动力蓄电池系统检测、动力蓄电池维护及更换、动力蓄电池充电与回收利用五个项目。

本书可作为职业院校、技工院校新能源汽车相关专业教材,也可供汽车行业相关从业人员学习参考。

本书配套数字资源,读者可免费扫码观看和在线学习;同时配有教学课件,教师可通过加入汽车教学研讨群(QQ 群号:111799784)获取。

图书在版编目(CIP)数据

新能源汽车动力蓄电池系统构造与检修/王志君,曲丽娟,孙璐姿主编. —北京:人民交通出版社股份有限公司,2025.7. —ISBN 978-7-114-20511-8

Ⅰ. U469.72

中国国家版本馆 CIP 数据核字第 2025FQ4381 号

书　　　名:新能源汽车动力蓄电池系统构造与检修
著 作 者:王志君　曲丽娟　孙璐姿
责任编辑:张一梅
责任校对:龙　雪
责任印制:张　凯
出版发行:人民交通出版社
地　　　址:(100011)北京市朝阳区安定门外外馆斜街 3 号
网　　　址:http://www.ccpcl.com.cn
销售电话:(010)85285911
总 经 销:人民交通出版社发行部
经　　　销:各地新华书店
印　　　刷:北京市密东印刷有限公司
开　　　本:880×1230　1/16
印　　　张:9.5
字　　　数:216 千
版　　　次:2025 年 7 月　第 1 版
印　　　次:2025 年 7 月　第 1 次印刷
书　　　号:ISBN 978-7-114-20511-8
定　　　价:36.00 元

(有印刷、装订质量问题的图书,由本社负责调换)

编审委员会

新能源汽车的迅猛发展为全球汽车产业带来了深刻的变革。动力蓄电池是新能源汽车的核心部件之一,不仅直接影响新能源汽车的性能、效率和安全性,而且其技术进步和产业化水平直接影响我国在全球新能源市场的竞争力。

党的二十大报告指出,要"推动战略性新兴产业融合集群发展,构建新一代信息技术、人工智能、生物技术、新能源、新材料、高端装备、绿色环保等一批新的增长引擎"。这为动力蓄电池的研发提供了行动指南。2025年4月,国家工业和信息化部发布《电动汽车用动力蓄电池安全要求》(GB 38031—2025)。该强制性国家标准将于2026年7月1日起实施,新增"不起火、不爆炸"强制安全要求,强化热扩散防护、底部撞击测试及快充循环后安全测试,进一步规范了动力蓄电池的安全性能。在全球能源转型的大背景下,推进动力蓄电池的技术革新与成本降低,不仅将助力我国汽车产业的转型升级,也将为应对气候变化贡献力量。党的二十大报告在第十部分"推动绿色发展,促进人与自然和谐共生"中,明确强调了绿色低碳发展的重要性。动力蓄电池的普及与应用正是实现这一目标的重要途径。通过支持动力蓄电池的规模化生产与普遍应用,可以有效推进降碳、减污,加快发展方式绿色转型。为了推动新能源汽车产业发展,编写了《新能源汽车动力蓄电池系统构造与检修》。

本教材旨在为职业院校新能源汽车专业学生、汽车行业从业人员提供系统的学习内容,帮助他们理解动力蓄电池系统结构与基本原理、掌握相关技术技能。

本教材编写深入贯彻落实党的二十大对教材建设与管理作出的新部署新要求,遵循知识和技能并重的改革方向,根据技能人才培养规律进行编写。不论是基础的蓄电池类型、内部构造,如电芯组成、模组设计,还是复杂的蓄电池管理系统原理与功能,本教材均有详细阐述。学生可深入理解蓄电池的电气连接、冷却系统运作机制等关键内容。本教材不仅介绍了常见故障诊断方法,如通过故障码读取、数据分析判断蓄电池性能,而且还介绍了蓄电池的拆解、组装规范与安全注意事项,同时对蓄电池的均衡维护等实用技术也进行了讲解。

本教材具有以下 4 个显著特点:

(1)教材体现了理实一体化。教材编写依据特定的工作任务,选取适度够用的理论知识,以学生的操作技能和职业素养培养为核心,围绕典型工作任务设计教学项目,突出知识的实用性、综合性和先进性。教材内容设置以学生为中心,由浅及深、循序渐进,各学习任务均配有"任务实施",实现了理论实践一体化。

(2)教材融入了丰富的课程思政元素。教材内容设计通过知识拓展等对国产汽车品牌发展历程,劳动模范、能工巧匠等先进事迹进行讲解,培养学生的民族品牌意识,弘扬爱岗敬业的职业精神和精益求精的工匠精神等,实现思想政治教育与技术技能培养的有机统一。

(3)教材由校企双元合作开发。教材编写过程中广泛联系行业企业,深入了解行业企业用人需求,注重引入行业前沿技术和实践经验,行业企业人员深度参与教材编写与开发。

(4)教材配套了丰富的教学资源。教材的主要知识点以二维码链接动画、视频资源,教材配有课件、习题及答案等,满足学生个性化学习的需求,提升教材使用体验。

本教材由山东公路技师学院王志君、曲丽娟、孙璐姿任主编,张希虎、于慧任副主编,时雅雯任主审。其中,王志君、郝宝兰编写项目一,曲丽娟、张鹏翔编写项目二,张希虎、张雄风编写项目三,于慧、李洋编写项目四,孙璐姿、仇发家编写项目五。全书由王志君、曲丽娟、孙璐姿统稿。

在本教材编写的过程中,作者深入企业生产一线参观学习,并参考了大量文献资料,在此一并向相关企业和文献的作者表示衷心的感谢。

由于作者水平有限,书中难免有错漏之处,敬请读者批评指正。

作　者
2025 年 4 月

CONTENTS　　　　　　　　　　目录

新能源汽车动力蓄电池基础概述

项目描述

　　动力蓄电池是纯电动汽车和混合动力电动汽车的核心部件,是车辆性能和价值的重要体现。本项目主要介绍新能源汽车动力蓄电池的基础及应用,包含以下2个任务:新能源汽车动力蓄电池性能认知和主流单体蓄电池类型及结构认知。

　　通过以上2个任务的学习,能够了解动力蓄电池类型、性能,动力蓄电池单体的结构及应用情况。

任务一　新能源汽车动力蓄电池性能认知

任务描述

　　某4S店汽车维修技师,要为新能源汽车维修学徒进行新能源汽车动力蓄电池技术培训,因此他需要对动力蓄电池的性能、类型等有具体的了解。

学习目标

知识目标

1. 了解动力蓄电池的分类;

2. 掌握动力蓄电池的性能指标及要求。

技能目标

能够根据车辆铭牌,描述动力蓄电池性能及相关参数。

素质目标

1. 培养学生严格遵守动力蓄电池操作规范,识别潜在安全风险,形成规范化的安全防护意识;

2. 通过铭牌参数识别与性能指标解读,培养学生精益求精的精神,确保数据采集与记录的严谨性;

3. 在实训任务中明确角色分工,通过协作完成参数调研与报告整合,提升沟通与协作能力;

4. 通过动力蓄电池性能与故障关联分析,提高学生基于数据逻辑推导问题根源的能力,形成系统性思维。

📖 **学习内容**

一 动力蓄电池的作用及安装位置

动力蓄电池是指为电动汽车动力系统提供能量的蓄电池。

动力蓄电池的作用是接收和储存来自外部充电装置(充电桩)、发电机、制动能量回收装置提供的电能,并且为驱动电机和其他高压用电设备提供电能。

动力蓄电池在新能源汽车上的安装位置有环境要求、安全要求以及便于拆装等要求。目前大多数的电动汽车动力蓄电池安装在车辆底部的前、后桥及两侧纵梁之间,这些位置有较高碰撞安全性。动力蓄电池安装于此,可以降低车辆重心,使车辆操控性更好,没有过多地占用乘客舱的容积。图1-1所示为纯电动汽车动力蓄电池安装位置。

混合动力电动汽车的动力蓄电池体积较小,可安装在行李舱和后排座椅的下方或之间,图1-2是丰田混合动力汽车动力蓄电池安装位置。

图1-1　纯电动汽车动力蓄电池安装位置　　图1-2　丰田混合动力汽车动力蓄电池安装位置

二 动力蓄电池的分类

新能源汽车使用的动力蓄电池可以分为化学电池、物理电池和生物电池三大类。

❶ 化学电池

将化学能直接转变为电能的装置。其主要部分是电解质溶液、浸在溶液中的正负电极和连接电极的导线。化学电池按工作性质分为原电池、蓄电池、燃料电池(图1-3)和储备电池。蓄电池又包括铅酸蓄电池(图1-4)、镍镉蓄电池(图1-5)、金属氢化物镍蓄电池(图1-6)、锂离子蓄电池(图1-7)等。

图1-3　燃料电池　　　　　　　图1-4　铅酸蓄电池

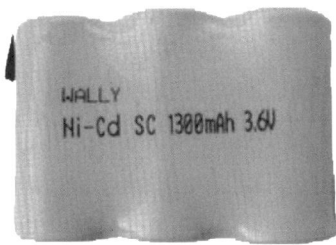

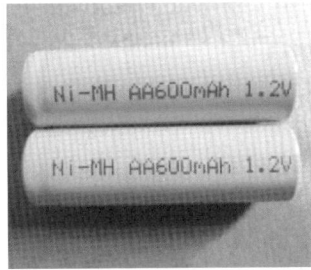

图 1-5 镍镉蓄电池   图 1-6 金属氢化物镍蓄电池   图1-7 锂离子蓄电池

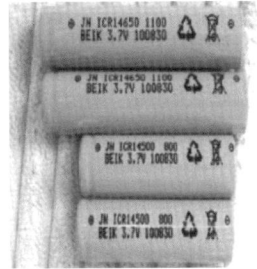

❷ 物理电池

物理电池是利用光、热、物理吸附等物理能量发电的电池,如太阳能电池、超级电容器、飞轮电池等。

1)太阳能电池

太阳能电池又称"太阳能芯片"或"光电池",指通过光电效应或者光化学效应,直接把光能转化成电能的装置。图 1-8 是利用太阳光直接发电的光电半导体薄片的原理示意图。它只要被光照到,瞬间就可输出电压及电流,在物理学上被称为"太阳能光伏",简称"光伏"。

图 1-8 太阳能电池原理示意图

目前,太阳能电池以光电效应工作的薄膜式太阳能电池为主流,而以光化学效应工作的湿式太阳能电池则还处于萌芽阶段。

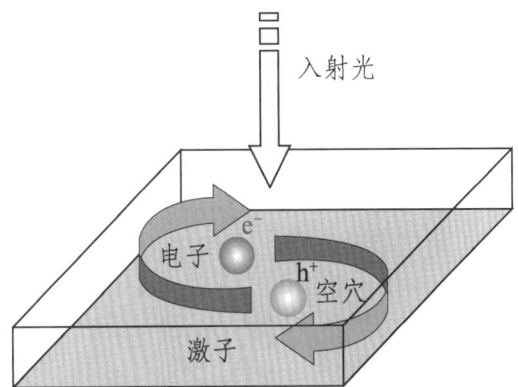

2)超级电容器

超级电容器是一种电化学元件,但在其储能的过程并不发生化学反应,这种储能过程是可逆的,也正因如此,超级电容器可以反复充放电数十万次。超级电容器单体主要由电极、电解质、集电极、隔离膜连线极柱、密封材料和排气阀等组成,如图 1-9 所示。超级电容器通常由若干个单体连接组成。

图 1-9 车用超级电容器

3)飞轮电池

飞轮电池是用物理方法实现储能。飞轮电池系统由飞轮、电动机、发电机和输入/输出电子装置共同组成。当飞轮转速上升时,电池为储能状态;反之,速度下降时,电池为供能状态,如图 1-10 所示。

由于技术和材料价格的限制,飞轮电池的价格相对较高,在小型场合还无法体现其优势。但在一些需要大型储能装置的场合,使用化学电池的价格也非常昂贵,飞轮电池已得到逐步应用。

飞轮电池充电快,放电完全,非常适用于混合能量推动的车辆中。车辆在正常行驶时和制动时,为飞轮电池充电,飞轮电池则在加速或爬坡时,为车辆提供动力,保证车辆以一种平稳、最优状态下的转速运行,可减少燃料消耗、空气和噪声污染,有利于发动机的维护,延长发动机的寿命。

❸ 生物电池

生物电池(biocell),是指将生物质能直接转化为电能的装置。生物质蕴涵的能量绝大部分来自太阳能,是绿色植物和光合细菌通过光合作用转化而来的,如图 1-11 所示。从原理上来讲,生物质能够直接转化为电能主要是因为生物体内存在与能量代谢关系密切的氧化还原反应。这些氧化还原反应彼此影响、互相依存,形成网络,进行生物的能量代谢。生物电池可分为微生物电池和酶电池等类型。

图 1-10　飞轮电池结构　　　　　图 1-11　生物电池

三　新能源汽车对动力蓄电池的要求

新能源汽车对动力蓄电池的要求须符合《电动汽车用动力蓄电池安全要求》(GB 38031—2025),主要包括:

(1)比能量高。为了提高电动汽车的续驶里程,要求电动汽车上的动力蓄电池尽可能储存多的能量,但电动汽车又不能太重,其安装电池的空间也有限,这就要求电池具有高的比能量。

(2)比功率大。为了使电动汽车在加速行驶、爬坡能力和负载行驶等方面能与燃油汽车相竞争,就要求电池具有高的比功率。

(3)充放电效率高。电池中能量的循环必须经过充电—放电—充电的循环,高的充放电效率对保证整车效率具有至关重要的作用。

(4)相对稳定性好。电池应当在快速充放电和充放电过程变工况的条件下保持其性能的相对稳定,使其在动力系统使用条件下能达到足够的充放电循环次数。

(5)使用成本低。除了降低电池的初始购买成本外,还要提高电池的使用寿命,以延长其更换周期。

（6）安全性好。须通过热扩散、过充/过放保护、机械冲击等强制性安全测试。

（7）热管理性能。电池系统应具备防止热失控扩散能力,热失控后30min内不起火、不爆炸。

（8）系统级安全设计。须集成多级熔断保护、高压互锁冗余设计。

比亚迪秦EV
铭牌参数解读

四 动力蓄电池的性能指标

❶ 电压

电动汽车需要提高输出电压来降低从动力蓄电池到驱动电机之间电能的损耗,并减小传递电能导线的尺寸。电压在新能源汽车中主要是指整个动力蓄电池组的电压。这个参数用于衡量电动汽车采用的导线质量以及电池自身容量的大小。

电压的指标有电动势、额定电压、开路电压、工作电压、终止电压和充电电压等。

1）电动势

电池的电动势,又称电池标准电压或理论电压,为电池断路时正负两极间的电位差。

2）额定电压

额定电压(或公称电压),指在规定条件下电池工作的标准电压。例如,比亚迪秦EV纯电动汽车动力蓄电池的额定电压为633.6V,比亚迪秦混合动力汽车动力蓄电池额定电压为460.8V。

3）开路电压

电池的开路电压是无负荷情况下的电池端电压。开路电压不等于电池的电动势。电池的电动势是通过热力学函数计算而得到的,而电池的开路电压则是实际测量出来的。

4）工作电压

指电池在某负载下实际的放电电压,通常是指一个电压范围。例如,铅酸蓄电池的工作电压在$1.8 \sim 2$V;金属氢化物镍蓄电池的工作电压在$1.1 \sim 1.5$V;锂离子蓄电池的工作电压在$2.75 \sim 3.6$V。

5）终止电压

指放电终止时的电压值,视负载和使用要求不同而异。

以铅酸蓄电池为例:电动势为2.1V,额定电压为2V,开路电压接近2.15V,工作电压为$1.8 \sim 2$V,放电终止电压为$1.8 \sim 1.5$V(放电终止电压根据放电率的不同,其终止电压也不同)。

6）充电电压

指外电路直流电压对电池充电的电压。一般的充电电压要大于电池的开路电压,通常在一定的范围内。例如,镍镉蓄电池的充电压在$1.45 \sim 1.5$V;锂离子蓄电池的充电压在$4.1 \sim 4.2$V;铅酸蓄电池的充电压在$2.25 \sim 2.5$V。

❷ 内阻

指电池在工作时,电流流过电池内部所受到的阻力,电池在短时间内的稳态模型可以看作一个电压源,其内部阻抗等效为电压源的内阻,内阻大小决定了电池的使用效率。蓄电池的内阻包括正负极板的电阻、电解液的电阻、隔板的电阻和连接体的电阻等。

内阻是电池最为重要的特性参数之一,绝大部分老化的电池都是因为内阻过大而无法继续使用,通常电池的内阻阻值很小,一般用毫欧(mΩ)来度量。

电池的内阻可以用内阻测试仪测量。图1-12所示为内阻测试仪。

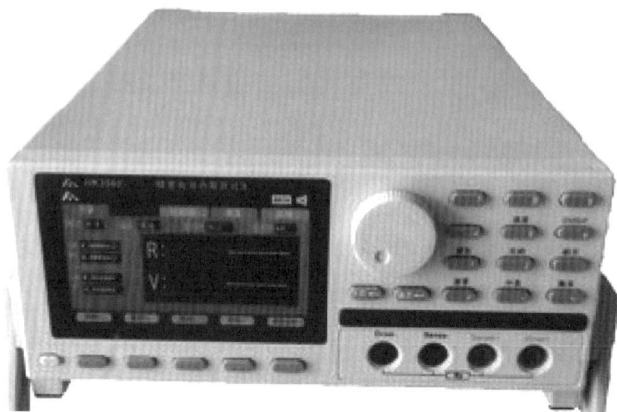

图1-12　测量电池内阻的仪器

❸ 容量和比容量

1)容量

容量指电池在充足电以后,在一定的放电条件下(放电率、温度、终止电压等)所能释放出的电量,表征电池储存能量的能力,其单位为安时(A·h)或毫安时(mA·h)。例如,比亚迪秦EV纯电动汽车动力蓄电池容量为75A·h,比亚迪秦混合动力汽车动力蓄电池的额定容量为33A·h。

2)比容量

为了比较不同系列的电池,常用比容量的概念。比容量是指单位质量或单位体积的电池所能给出的电量,相应地称为质量比容量或体积比容量。例如,磷酸铁锂电池的比容量为130mA·h/g。

❹ 能量和比能量

1)能量

能量是指在一定放电条件下,电池所能输出的电能,通常用瓦时(W·h)表示。电池的能量,即储存电量的大小,直接影响电动汽车的续驶里程。

2)比能量

比能量也称能量密度,常用来比较不同的电池系列,可分质量比能量和体积比能量。

质量比能量是指单位质量电池所能输出的能量,也称质量能量密度,单位常用W·h/kg。例如,比亚迪秦EV500质量能量密度为160.9W·h/kg。

体积比能量是指单位体积电池所能输出的能量,也称体积能量密度,单位常用W·h/L。

❺ 功率与比功率

电池的功率是指电池在一定放电条件下,单位时间内输出的能量,单位为瓦(W)或千瓦(kW)。

单位质量或单位体积电池输出的功率称为比功率,单位为W/kg或W/L。如果一个电池的比功率较大,则表明在单位时间内,单位重量或单位体积中给出的能量较多,即表示此电池能用较大的电流放电。因此,电池的比功率也是评价电池性能优劣的重要指标之一。

对于纯电动汽车,其电能储存装置应具有尽可能高的比能量,以保证汽车的续驶里程。对于混合动力汽车,其电能储存装置则应具有尽可能高的比功率,以保证汽车的动力性。

❻ 荷电状态

荷电状态(SOC)是指电池放电后剩余容量与全荷电容量的百分比。荷电状态是人们在使用中最关心的、也是最不易获得的参数数据,因为荷电状态是非线性变化的。SOC 测量方法有开路电压法、安时计量法、内阻法、卡尔曼滤波法、模糊逻辑和神经网络法等。

❼ 寿命

电池的寿命分储存寿命和使用寿命。

储存寿命有干储存寿命和湿储存寿命两个概念。对于在使用时才加入电解液的电池的储存寿命,习惯上被称为干储存寿命。干储存寿命可以很长。而对于出厂前已加入电解液的电池的储存寿命,习惯上被称为湿储存寿命。湿储存时自放电严重,寿命较短。

使用寿命是指电池实际使用的时间长短。对一次电池而言,电池的寿命是表征给出额定容量的工作时间(与放电倍率大小有关);对二次电池而言,电池的寿命分充放电循环寿命和湿搁置使用寿命两种。

(1)充放电循环寿命是衡量二次电池性能的一个重要参数。在一定的充放电制度下,电池容量降至某一规定值之前,电池能耐受的充放电次数,称为二次电池的充放电循环寿命。充放电循环寿命越长,电池的性能越好。在目前常用的二次电池中,镍镉蓄电池的充放电循环寿命为 500 ~ 800 次,铅酸蓄电池的充放电循环寿命为 200 ~ 500 次,锂离子蓄电池的充放电循环寿命为 600 ~ 1000 次,锌银电池的充放电循环寿命很短,为 100 次左右。

二次电池的充放电循环寿命与放电深度、温度、充放电制式等条件有关。减少放电深度(即"浅放电"),二次电池的充放电循环寿命可以大大延长。

电池循环寿命测试方法基本上就是容量测试充放电过程的循环,直到电池实际容量小于额定容量的 80% 终止试验,记录循环次数。

(2)湿搁置使用寿命,也是衡量二次电池性能的重要参数之一。它是指电池加入了电解液后开始进行充放电循环直至充放电循环寿命终止的时间(包括充放电循环过程中,电池处于放电态湿搁置的时间)。湿搁置使用寿命越长,电池性能越好。在目前常用的电池中,镍镉蓄电池湿搁置使用寿命 2 ~ 3 年,铅酸蓄电池 3 ~ 5 年,锂离子蓄电池 5 ~ 8 年,锌银电池最短,只有 1 年左右。

❽ 自放电

电池经过干储存(不带电解液)或湿储存(带电解液)一定时间后,其容量会自行降低,这个现象称自放电。所谓"储存性能"是指电池开路时,在一定的条件下(温度、湿度)储存一定时间后自放电的大小。

电池在储存期间,虽然没有放出电能量,但电池内部总是存在着自放电现象。即使是干储存,也会由于密封不严,进入水分、空气及二氧化碳等物质,使处于热力学不稳定状态的部分正极和负极活性物质构成微电池腐蚀机理,自行发生氧化还原反应而白白消耗掉。如果是湿储存,更是如此。长期处在电解液中的活性物质也是不稳定的。负极活性物质大多是活泼金属,都会发生阳极自溶。酸性溶液中,负极金属是不稳定的,在碱性溶液及中性溶液中也并非十分稳定。

电池自放电率(Self-Discharge Rate,SDR)的大小,一般用单位时间内容量减少的百分比表示,即:

$$SDR = (C_o - C_t)/C_t \times 100\% \tag{1-1}$$

式中:SDR——自放电率;

C_o——储存前电池容量,A·h;

C_t——储存后电池容量,A·h;

t——储存时间,用天、周、月或年表示。

自放电的大小,也能用电池储存至某规定容量时的天数表示,称为储存寿命。如锌银电池的干储存寿命可达5~8年,但湿储存寿命通常只有几个月。

降低电池中自放电的措施,一般是采用纯度较高的原材料,或将原材料预先处理,除去有害杂质;也可在负极金属板栅中加入氢过电位较高的金属。

9 记忆效应

蓄电池经长时间浅充浅放循环后,进行深度放电时,表现出明显的容量损失和放电电压下降经数次全充/放电循环后,电池特性即可恢复的现象。

任务实施

一 任务准备

本任务采用工学一体化教学模式,按照学生30人,每组5人,每组任命1名小组长,进行具体任务的分工和工量具的清点,见表1-1。

任务准备清单 表1-1

实训项目	实训器材	说明	数量
整车铭牌识别	比亚迪秦EV	—	6
	绝缘垫	通用	6
	绝缘手套	通用	6
	护目镜	通用	6
	安全帽	通用	6
	危险警示牌	通用	6

二 实施步骤

1.首先完成作业前准备工作,见表1-2。

作业前准备　　　　表1-2

作业前准备	①检查隔离栏、设置安全警示牌、灭火器
	②车辆防护
	③车辆预检
	④安全检查:绝缘手套、鞋　性能:＿＿＿＿＿　耐压等级:＿＿＿＿＿

2.观察新能源汽车铭牌(图1-13)。

铭牌位置:＿＿＿＿＿＿＿＿＿＿＿＿＿＿＿＿＿＿

图1-13　比亚迪秦EV汽车铭牌

3.依据铭牌,完成车辆基本参数填写。其次查阅资料,确定该车的动力蓄电池生产厂家、动力蓄电池的类型等参数,填入表1-3。

车辆铭牌参数　　　　表1-3

车架号		整车型号	
品牌		动力蓄电池额定电压	
驱动电机峰值功率		动力蓄电池额定容量	
动力蓄电池生产厂家		动力蓄电池类型	

三 任务实施考核(表1-4)

活动评价表　　　　表1-4

班级:　　　　　　　　组别:　　　　　　　　姓名:

项目	评价内容	分数（分）	评价指标		
			自评	互评	教师评价
关键能力考核项目（30%）	遵守纪律、遵守学习场所管理规定,服从安排	5			
	具有安全意识、责任意识、5S管理意识,注重节约、节能与环保	5			
	学习态度积极主动,能参加实习活动安排	7			
	具有团队合作意识,注重沟通,能自主学习及相互协作	8			
	仪容仪表符合活动要求	5			

续上表

项目	评价内容	分数（分）	评价指标		
			自评	互评	教师评价
专业能力考核项目（70%）	按时按要求完成实施任务	40			
	工具、设备选择得当，使用符合技术要求	10			
	操作规范，符合要求	5			
	学习准备充分、齐全	10			
	注重工作效率与工作质量	5			
总分		100			
小组评价			组长签名：		
教师评语			教师签名：		

知识拓展

中国科学家首次提出采用全电化学活性电极构建全固态电池新思路

高能量密度是储能器件未来的重要发展方向，锂离子蓄电池作为一类性能优异的储能器件在过去的几十年中大放异彩。然而，目前传统锂离子蓄电池正极材料的能量密度已经逼近理论值，如何进一步提升能量密度成为全世界关注的研究热点。

全固态金属锂电池作为下一代高能量密度主流技术方案受到研究人员广泛关注。理论上电池器件的能量密度在材料层面由其理论能量密度决定，但是在电极层面由于需要引入大量非活性成分（电解质、导电添加剂和黏合剂），用于保障电极材料离子和电子运输能力，从而使电极材料层面的能量密度通常小于材料理论能量密度，在全固态电极中二者差距进一步扩大。因此，如何在电极层面上，充分发挥材料的理论能量密度被视为一个重要的研究方向。

中国科学院物理研究所博士生李美莹在中国工程院院士、中国科学院物理研究所研究员陈立泉和特聘研究员索鎏敏指导下，与美国麻省理工学院教授李巨合作，首次提出采用全电化学活性电极构建全固态电池的新思路。

通过采用高电子-离子混合导电活性物质作为正极实现100%全活性物质全固态电极，与金属锂负极搭配，构建出高能量密度全活性物质全固态电池，在该类新型全固体金属锂电池中材料层面的能量密度可以在电极层面得到100%发挥。

据介绍，全电化学活性全固态电池概念最先在一系列具有电化学活性的高离子-电子过渡金属硫化物材料中实现，并通过与高容量硫化物复合正极复合，在电极层面上实现了770W·h/kg和1900W·h/L的能量密度，而商用钴酸锂电极层面上的能量密度为480W·h/kg和1600W·h/L。

预计随着更多新型全活性固态电极发现,今后有望进一步提升全固态电池能量密度,从而实现高能量密度高安全的全固态锂电池。

📝 **巩固练习**

一、选择题

1. 以下哪项不是动力蓄电池的关键性能指标?(　　)
  A. 能量密度　　　　　　　　　　B. 外观颜色
  C. 充放电效率　　　　　　　　　D. 循环寿命

2. 动力蓄电池的能量密度越高,意味着(　　)。
  A. 电池体积越大　　　　　　　　B. 相同体积下储存的电能越多
  C. 电池质量越轻　　　　　　　　D. 电池安全性越高

3. 一般来说,电池的循环寿命是指(　　)。
  A. 电池可以使用的年数
  B. 电池从生产到报废的总时长
  C. 电池在一定的充放电条件下,容量下降到某一规定值之前,电池能经受的充放电次数
  D. 电池在不同环境温度下的充电次数

4. 衡量动力蓄电池充放电速率的指标是(　　)。
  A. 充电倍率和放电倍率　　　　　B. 开路电压
  C. 内阻　　　　　　　　　　　　D. 自放电率

5. 高倍率放电时,动力蓄电池可能出现的情况是(　　)。
  A. 容量增加　　　　　　　　　　B. 温度降低
  C. 电压下降快　　　　　　　　　D. 循环寿命延长

二、填空题

1. 动力蓄电池的能量密度分为＿＿＿＿＿＿和＿＿＿＿＿＿两种。

2. 电池自放电率是指在存放过程中,电池＿＿＿＿＿＿的现象,一般用单位时间内电池＿＿＿＿＿＿来表示。

3. 动力蓄电池的内阻包括＿＿＿＿＿＿和＿＿＿＿＿＿。

三、简答题

1. 简述能量密度对于动力蓄电池的重要性。
2. 简述影响动力蓄电池循环寿命的因素。

任务二　主流单体蓄电池类型及结构认知

📋 **任务描述**

　　某4S店汽车维修技师,要为车间的一辆比亚迪秦EV电动汽车更换电池单体,因此他需

要对比亚迪秦 EV 的动力蓄电池参数、类型等有具体了解,并完成相应配件电池单体的定制。

学习目标

知识目标

1. 了解动力蓄电池单体的原理及结构;

2. 掌握动力蓄电池单体的特点及性能对比。

技能目标

能够根据动力蓄电池铭牌,描述动力蓄电池的类型、特点及相关参数的计算。

素质目标

1. 培养良好的职业道德和工作责任感,严格遵守行业规范及安全操作流程;

2. 通过查阅资料、实践验证解决动力蓄电池选型与更换中的难点,培养自主学习和分析、解决问题的能力;

3. 理解新能源汽车技术对绿色低碳发展的影响,培养节能环保意识。

学习内容

早期电动汽车广泛使用的电池是铅酸蓄电池,其应用历史最长、技术最娴熟,生产成本低,但随着电动汽车技术的发展,铅酸蓄电池由于比能量低,充电速度较慢,寿命较短,已逐渐被其他类型的蓄电池所取代,而且采用铅酸蓄电池的低速电动车也不在新能源汽车之列。镍镉电池主要应用到电动工具或电动叉车上,没有实际应用到电动汽车上。目前应用在电动汽车中的动力蓄电池主要是金属氢化物镍蓄电池、锂离子蓄电池和燃料电池。

一 金属氢化物镍蓄电池的结构、原理及特点

金属氢化物镍蓄电池(MH-Ni 电池)被称为"绿色电池",其负电极为经吸氢处理后的储氢合金,正电极为氢氧化镍,电解液为氢氧化钾溶液的一种碱性电池,MH-Ni 电池单体额定电压为 1.2V,比能量约 80W·h/kg。

由于金属氢化物镍蓄电池安全可靠,早期部分纯电动汽车和现在的大多数混合动力汽车采用了金属氢化物镍蓄电池,通用 EV1 电动车就采用了这种金属氢化物镍蓄电池,如图 1-14 所示。

图 1-14 金属氢化物镍蓄电池

❶ 金属氢化物镍蓄电池的结构

金属氢化物镍蓄电池的材料构成主要由电极材料、电解液、金属材料及隔膜组成,正负极及电解液材料上不同工艺上的差异使电池有不同的性能,其中正极材料决定了电池的容量,负极材料决定了大电流或高温工作时,电池充放电的稳定性。目前正极材料多用高密度氢氧化镍,负极材料为贮氢合金粉。金属氢化物镍蓄电池的材料构成如图 1-15 所示。

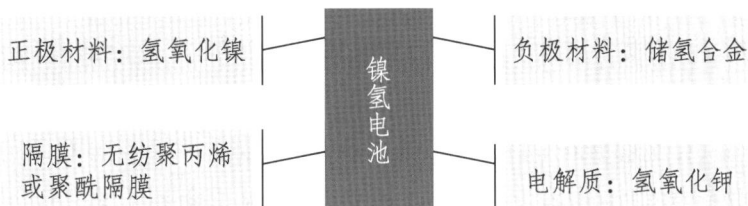

图 1-15　金属氢化物镍蓄电池材料构成

❷ 金属氢化物镍蓄电池的原理

活性物质构成电极极片的工艺方式主要有烧结式、拉浆式、泡沫镍式、纤维镍式及嵌渗式等,不同工艺制备的电极在容量、大电流放电性能上存在较大差异,一般根据使用条件不同的工艺生产电池。通信领域等民用电池大多采用拉浆式负极、泡沫镍式正极构成电池。充放电化学反应如下:

$$正极:Ni(OH)_2 + OH^- \Longrightarrow NiOOH + H_2O + e^- \tag{1-2}$$

$$负极:M + H_2O + e^- \Longrightarrow MHab + OH^- \tag{1-3}$$

$$总反应:Ni(OH)_2 + M \Longrightarrow NiOOH + MH \tag{1-4}$$

注:M 为氢合金;Hab 为吸附氢;反应式从左到右的过程为充电过程;反应式从右到左的过程为放电过程。

充电时正极的 $Ni(OH)_2$ 和 OH^- 反应生成 $NiOOH$ 和 H_2O,同时释放出 e^- 一起生成 MH 和 OH^-,总反应是 $Ni(OH)_2$ 和 M 生成 $NiOOH$,储氢合金储氢;放电时与此相反,MHab 释放 H^+,H^+ 和 OH^- 生成 H_2O 和 e^-,$NiOOH$、H_2O 和 e^- 重新生成 $Ni(OH)_2$ 和 OH^-,原理如图 1-16 所示。

$(-) M+H_2O+e^-\leftrightarrow MH+OH^-$
$(+) \beta-Ni(OH)_2+OH^-\leftrightarrow\beta-NiOOH+H_2O+e^-$

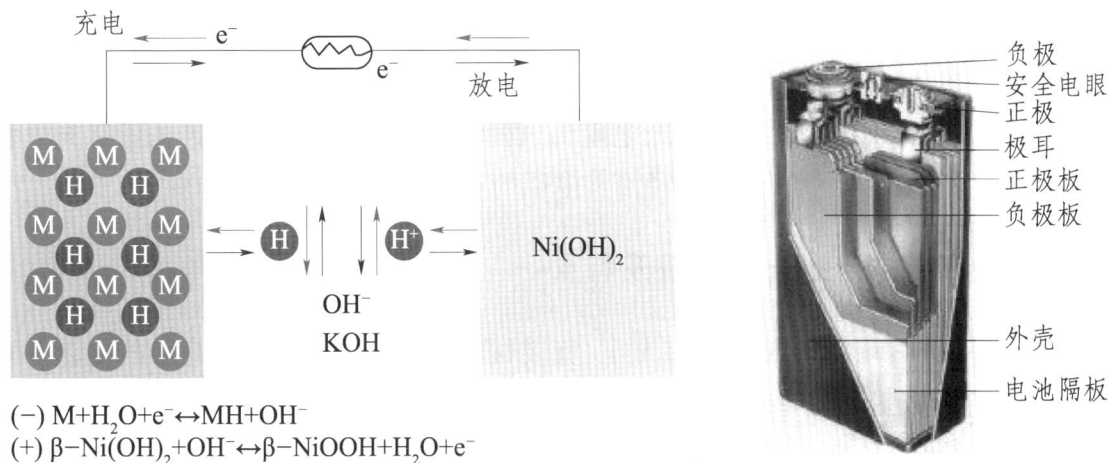

图 1-16　金属氢化物镍蓄电池原理图

此外,需要强调的是,隔膜的作用也很重要,主要是在狭窄的空间将电池正负极板分割开来,防止两极接触造成短路,保证电解液中的离子在正负极之间自由通过。因此,隔膜成为保证锂离子蓄电池安全稳定的核心材料。

❸ 金属氢化物镍蓄电池的特点

1)金属氢化物镍蓄电池的优点

(1)应急补充充电性能好,充电 18min 可恢复 40% ~80% 的容量;过充电和过放电性能好。

(2)在 80% 的放电深度下,循环寿命可达到 1000 次以上,是铅酸蓄电池的 3 倍,最多可达到 6000 次。

(3)低温性能较好,能够长时间存放。可以在环境温度 -28 ~80℃ 条件下正常工作。

(4)金属氢化物镍蓄电池中没有铅(Pb)和镉(Cd)等重金属元素,不会对环境造成污染。

(5)金属氢化物镍蓄电池可以随充随放,不会出现镍镉电池在没有放完电后即充电而产生的“记忆效应”。

2)金属氢化物镍蓄电池的缺点

(1)在高温条件下使用时电荷量急剧下降。

(2)自放电损耗较大。

(3)金属氢化物镍蓄电池的成本很高,价格较贵。

(4)金属氢化物镍蓄电池的比功率和放电能力不及镍镉电池。

(5)金属氢化物镍蓄电池在使用时还应充分注意各个单体电池之间的一致性,特别是在高速率、深放电情况下,各个单体电池之间的容量和电压差较明显。

❹ 金属氢化物镍蓄电池在汽车上的应用

1)混合动力电动汽车方面

大功率的金属氢化物镍蓄电池也应用在混合动力电动汽车中,最佳的例子就是丰田普锐斯(Prius),该车使用了特别的充放电程序,使电池充放电寿命可足够车辆使用 10 年。

2)纯电动汽车方面

虽然质量比锂离子蓄电池重,但仍然有部分纯电动汽车使用金属氢化物镍蓄电池,例如:本田汽车的 Civic Hybrid、Honda EV Plus,福特汽车的 Ranger EV 等。

3)怠速停止车用能量再生系统

目前,各厂家研发采用镍氢充电电池的怠速停止车用能量再生系统,该系统是在通常配备的铅蓄电池的基础上组合使用镍氢充电电池,将减速时产生的能量存储在镍氢充电电池中再利用,这样不但提高燃效,还能减轻铅蓄电池的负担,延长铅蓄电池的寿命。

二 锂离子蓄电池的结构、原理及特点

锂电池是一类由锂金属或锂合金为正/负极材料、使用非水电解质溶液的电池。1912年,锂金属电池最早由 Gilbert N. Lewis 提出并研究。20 世纪 70 年代时,M. S. Whittingham 提出并开始研究锂离子蓄电池。由于锂金属的化学特性非常活泼,导致锂金属的加工、保存、使用,对环境要求非常高。随着科学技术的发展,锂电池已经成为主流。

锂电池大致可分为两类:锂金属电池和锂离子蓄电池。锂金属电池以金属锂作负极,正极为不同活性物质,如二氧化锰、二氧化硫等,通过电化学反应产生电能。在反应过程中,锂金属逐渐消耗,发生不可逆的化学变化,无法通过外部充电使电池恢复初始状态,属于一次电池。锂离子蓄电池不含有金属态的锂,是一种二次电池(充电电池),它主要依靠锂离子在正极和负极之间移动来工作。在充放电过程中,Li^+在两个电极之间往返嵌入和脱嵌:充电时,Li^+从正极脱嵌,经过电解质嵌入负极,负极处于富锂状态;放电时则相反。

一般采用含有锂元素的材料作为电极的电池,是现代高性能电池的代表。纯电动汽车动力蓄电池主要采用锂离子蓄电池。

1 锂离子蓄电池的结构

锂离子蓄电池结构包括正极、负极、隔板、电解液、外壳等,如图 1-17 所示。

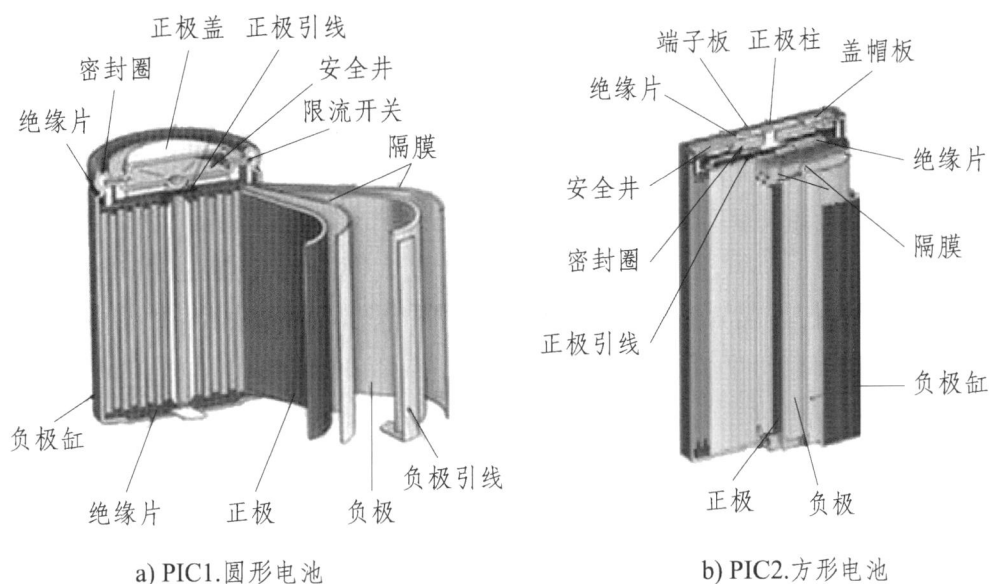

a) PIC1.圆形电池 b) PIC2.方形电池

图 1-17 锂离子蓄电池的结构

1)正极

活性物质一般为包括磷酸铁锂电池($LiFePO_4$)、钴酸锂电池($LiCoO_2$)、锰酸锂电池($LiMn_2O_4$)以及三元锂电池[$Li(NiCoMn)O_2$]。这 4 种不同的锂电池材料、平均输出电压、能量密度,见表 1-5。

4 种不同锂离子蓄电池主要参数对比　　　　　　　表 1-5

正极材料	平均输出电压(V)	能量密度(mA·h/g)
$LiCoO_2$	3.7	140
$LiMn_2O_4$	3.7	100
$LiFePO_4$	3.3	130
$Li(NiCoMn)O_2$	3.6	>180

2)隔膜

一种特殊成型的高分子薄膜,薄膜有微孔结构,可以让锂离子自由通过,而电子不能通过。

3）负极

活性物质为石墨，或近似石墨结构的碳，导电集流体使用厚度 $7\sim15\mu m$ 的电解铜箔。

4）有机电解液

溶解有六氟磷酸锂的碳酸酯类溶剂，聚合物的则使用凝胶状电解液。

5）电池外壳

分为钢壳（方型很少使用）、铝壳、镀镍铁壳（圆柱电池使用）、铝塑膜（软包装）等，壳体不同区别只在于制作工艺不同。还有电池的盖帽，也就是电池的正负极引出端，如图 1-18 所示。

图 1-18 锂离子蓄电池外观

目前，新能源汽车采用的锂离子蓄电池多为三元锂电池和磷酸铁锂电池。三元锂电池的特点是能量密度大，同样质量的电池组电池容量更大。但其缺点在于三元锂电池由于包含镍、钴等高活性材料，其化学反应复杂，极端条件下容易导致热失控，如果内部短路或是正极材料遇水，都会有明火产生，在极端碰撞事故中，存在起火隐患。反之，磷酸铁锂虽然能量密度比三元锂要小，但相对较为安全，即使在高温或过充的情况下，发生热失控的概率极低，适合对安全性要求严格的领域。如图 1-19 所示，特斯拉汽车采用的 18650 三元锂电池，18650 即指电池的直径为 18mm、长度为 65mm，圆柱体型的电池。

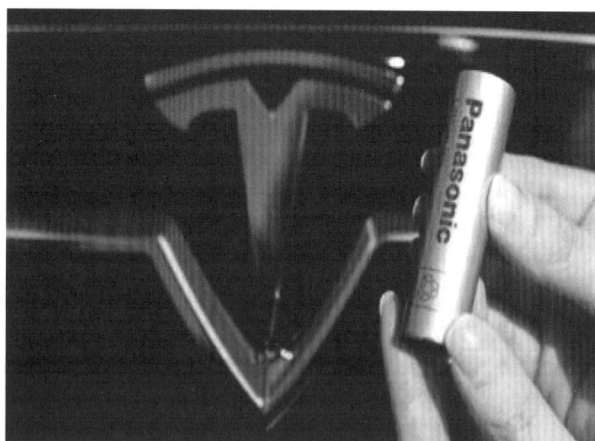

锂离子蓄电池的工作原理

图 1-19 特斯拉采用的 18650 三元锂电池

2 锂离子蓄电池的工作原理

锂离子蓄电池的充放电过程，就是锂离子的嵌入和脱嵌过程。在锂离子的嵌入和脱嵌过程中，同时伴随着与锂离子等当量电子的嵌入和脱嵌（习惯上正极用嵌入或脱嵌表示，而负极用插入或脱插表示）。在充放电过程中，锂离子在正、负极之间往返嵌入/脱嵌和插入/脱插，因此，锂离子蓄电池也被形象地称为"摇椅电池"。

当对电池进行充电时,电池的正极上有锂离子生成,生成的锂离子经过电解液运动到负极。而作为负极的碳呈层状结构,它有很多微孔,达到负极的锂离子就嵌入碳层的微孔中,嵌入的锂离子越多,充电容量越高。同样,当对电池进行放电时(我们使用电池的过程),嵌在负极碳层中的锂离子脱出,又运动回正极。回正极的锂离子越多,放电容量越高,工作原理如图 1-20 所示。

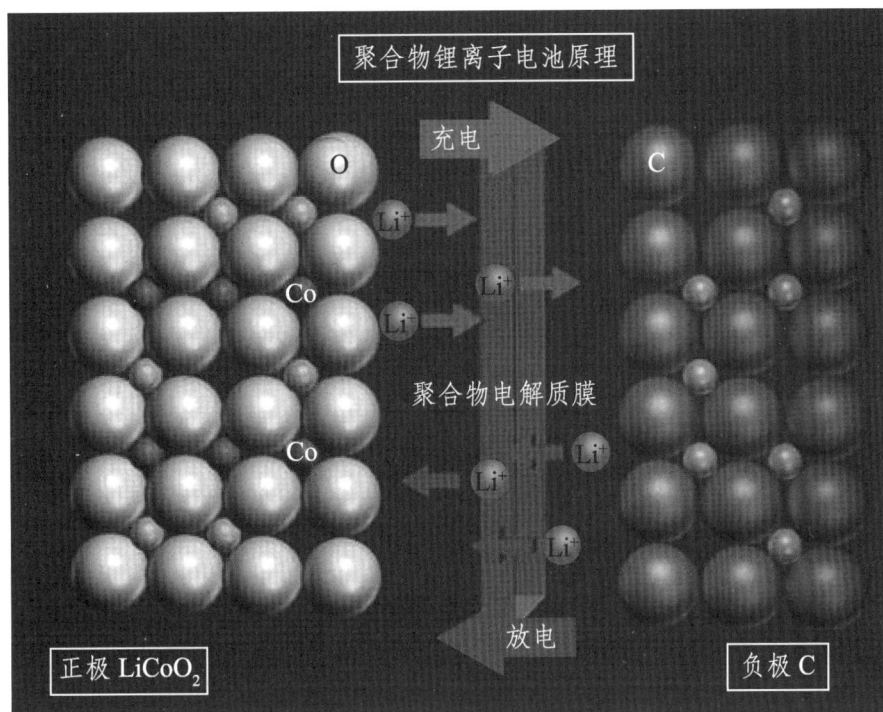

图 1-20　锂离子蓄电池工作原理

❸ 锂离子蓄电池的特点

1)锂离子蓄电池的优点

以最常见的磷酸铁锂为例,锂离子蓄电池的优点如下:

(1)单体电池工作电压高达 3.2V,电压是金属氢化物镍蓄电池的 3 倍,是铅酸蓄电池的近 2 倍。

(2)质量轻,比能量大,高达 150W·h/kg,是金属氢化物镍蓄电池的 2 倍,是铅酸蓄电池的 4 倍。

(3)循环寿命长,循环次数可达 2000 次以上,寿命为铅酸蓄电池的 2~3 倍。

(4)自放电率低,每月不到 5%。

(5)允许工作温度范围宽,低温性能好,锂离子蓄电池可在 -20~55℃之间工作。

(6)无记忆效应,所以每次充电前不必像镍镉电池那样需要放电。

(7)无污染,锂电池中不存在有毒物质,因此,被称为"绿色电池"。

2)锂离子蓄电池的缺点

(1)成本高。主要是正极材料 $LiCoO_2$ 的价格高,但按单位瓦时的价格来计算,已低于金属氢化物镍蓄电池,与镍镉电池持平,但高于铅酸蓄电池。

(2)机械损坏可能导致电池短路。

（3）电池既不允许过度充电,也不允许过度放电。必须有特殊的保护电路,以防止过充。

三 燃料电池的结构、原理及特点

燃料电池是一种把氢氧化学能转化成电能的电化学装置。在燃料电池内发生的化学反应与水的电解过程刚好相反。电解是通过施加电流将水分解成氢和氧的过程,在电解时需要消耗能量。燃料电池直接把物质发生化学反应时释出的能量变换为电能。它从外表上看有正负极和电解质等,像一个蓄电池,但实质上它不能"储电",而是一个"发电厂"。图 1-21 所示是燃料电池外形图及化学反应过程图。

图 1-21　燃料电池外形图

1 燃料电池的类型

燃料电池的类型很多,从目前发展情况看,PEMFC 是技术最成熟的电动车动力源,PEMFC 电动汽车被业内公认为是电动汽车的未来发展方向。燃料电池将会成为继蒸汽内燃机之后的第三代动力系统。PEMFC 燃料电池必须用氢作为能源,可以是直接存储在车辆上的氢,或者是由另一种燃料生成氢。燃料电池的类型见表 1-6。

燃料电池的类型　　　　　　　　　　　　　　　　　　　表 1-6

简称	燃料电池类型	电解质	工作温度（℃）	电化学效率	燃料、氧化剂	功率输出
AFC	碱性燃料电池	氢氧化钾溶液	室温 ~90	60% ~70%	氢气、氧气	300W ~5kW
PEMFC	质子交换膜燃料电池	质子交换膜	室温 ~80	40% ~60%	氢气、氧气（或空气）	1kW
PAFC	磷酸燃料电池	磷酸	160 ~220	55%	天然气、沼气、过氧化氢、空气	200kW
MCFC	熔融碳酸盐燃料电池	碱金属碳酸盐熔融混合物	620 ~660	65%	天然气、沼气、煤气、过氧化氢、空气	2 ~10MW
SOFC	固体氧化物燃料电池	氧离子导电陶瓷	800 ~1000	60% ~65%	天然气、沼气、煤气、过氧化氢、空气	100kW

2 质子交换膜燃料电池的结构（图 1-22）

1）质子交换膜

分隔阴极和阳极,阻止燃料和空气直接混合发生化学反应;传导质子,质子传导率越高,膜的内阻越小,燃料电池的效率越高;电子绝缘体,阻止电子在膜内传导,从而使燃料氧化后释放出的电子只能由阳极通过外线路向阴极流动。

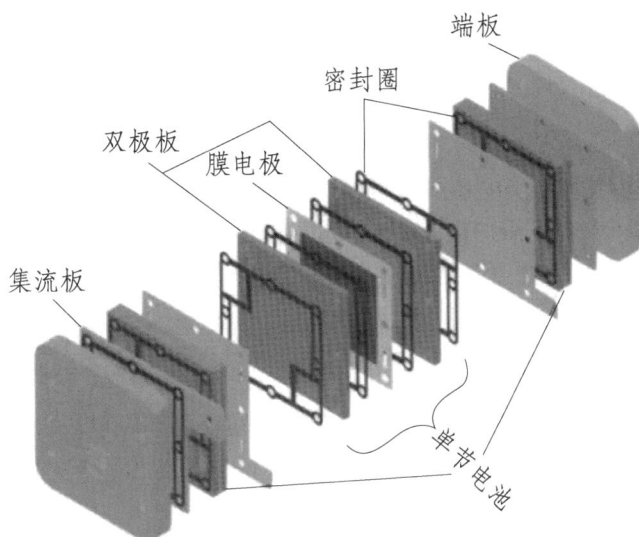

图 1-22　质子交换膜燃料电池结构图

2）气体扩散层

支撑催化层、收集电流、并为电化学反应提供电子通道、气体通道和排水通道的隔层。主要由碳纸和防水剂组成。

3）催化剂层

起使电极与电解质界面上的电荷转移反应得以加速的催化作用。主要材料是铂贵金属。

4）双极板

分隔反应气体，收集电流和提供反应气体通道。主要材料是石墨板、金属板与复合板，具体结构如图 1-22 所示质子交换膜燃料电池。

❸ 燃料电池原理

燃料电池反应原理这个反应是电解水的逆过程，如图 1-23 所示。电极应为：

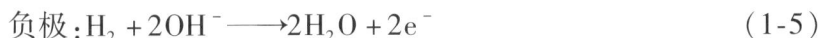

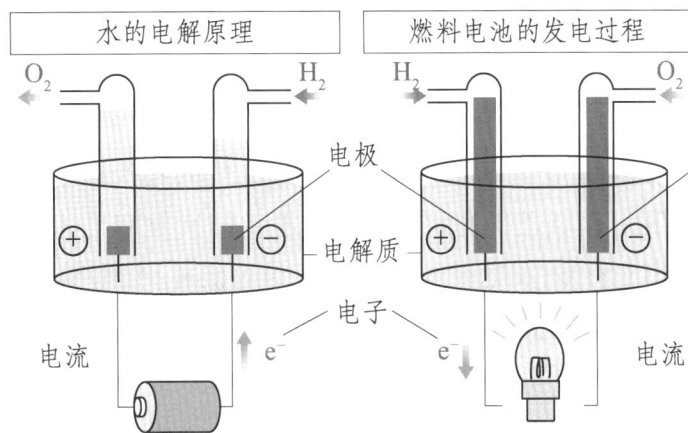

$$负极：H_2 + 2OH^- \longrightarrow 2H_2O + 2e^- \tag{1-5}$$

$$正极：1/2O_2 + H_2O + 2e^- \longrightarrow 2OH^- \tag{1-6}$$

$$电池反应：H_2 + 1/2O_2 \Longrightarrow H_2O \tag{1-7}$$

图 1-23　燃料电池化学反应示意图

另外，只有燃料电池本体还不能工作，必须有一套相应的辅助系统，包括反应剂供给系统、排热系统、排水系统、电性能控制系统及安全装置等。

燃料电池通常由形成离子导电体的电解质板,以及在电解质板两侧配置的燃料极(阳极)和空气极(阴极)、两侧气体流路构成。气体流路的作用是使燃料气体和空气(氧化剂气体)能在流路中通过。

在实用的燃料电池中因工作的电解质不同,经过电解质与反应相关的离子种类也不同。PAFC 和 PEMFC 反应中与氢离子(H^+)相关,发生的反应为:

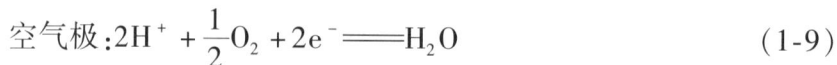

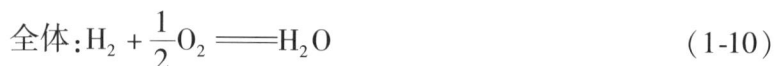

$$燃料极: H_2 = 2H^+ + 2e^- \tag{1-8}$$

$$空气极: 2H^+ + \frac{1}{2}O_2 + 2e^- = H_2O \tag{1-9}$$

$$全体: H_2 + \frac{1}{2}O_2 = H_2O \tag{1-10}$$

❹ 燃料电池的特点

燃料电池十分复杂,涉及化学热力学、电化学、电催化、材料科学、电力系统及自动控制等学科的有关理论,具有发电效率高、环境污染少等优点。

1)燃料电池的优点

(1)能源安全性。自从 20 世纪 70 年代的石油危机后,各工业国对石油的依赖反而有增无减,而且主要靠石油输出国的供应。美国载客车辆每日可消耗约 600 万桶油,占油料进口量的 85%。若有 20% 的车辆采用燃料电池来驱动,每日便可省下 120 万桶油。

(2)国防安全性。燃料电池发电设备具有散布性的特质,它可让地区摆脱中央发电站式的电力输配架构。长距离、高电压的输电网络易成为军事行动的攻击目标。燃料电池设备可采用集中配置,也可采用分散性配置,进而降低了敌人欲瘫痪国家供电系统的风险。

(3)高可靠度供电。燃料电池可架构于输配电网络之上作为备援电力,也可独立于电力网之外。在特殊的场合下,模块化的设置(串联安装几个完全相同的电池组系统以达到所需的电力)可提供极高的稳定性。

(4)燃料多样性。现代种类繁多的电池中,虽然仍以氢气为主要燃料,但配备燃料转化器(也称重组器,Fuel Reformer)的电池系统可以从碳氢化合物或醇类燃料中萃取出氢元素来利用。此外,如垃圾填埋场、废水处理厂中厌氧微生物分解产生的沼气也是一大燃料来源。利用自然界的太阳能及风力等可再生能源提供的电力,可用来将水电解产生氢气,再供给至燃料电池,如此亦可将水看成是未经转化的燃料,实现完全零排放的能源系统。只要不停地供给燃料给电池,它就可不断地产生电力。

(5)高效能。由于燃料电池的原理系经由化学能直接转换为电能,而非产生大量废气与废热的燃烧作用,现今利用碳氢燃料的发电系统电能的转换效率可达 40% ~ 50%;直接使用氢气的系统效率更可超过 50%;发电设施若与燃气涡轮机并用,则整体效率可超过 60%;若再将电池排放的废热加以回收利用,则燃料能量的利用率可超过 85%。用于车辆的燃料电池其能量转换率为传统内燃机的 3 倍以上,内燃引擎的热效率在 10% ~ 20% 之间。

(6)环境亲和性。科学家认定空气污染是造成心血管疾病、气喘及癌症的元凶之一。燃料电池运用能源的方式大幅优于燃油动力机排放大量危害性废气的方案,其排放物大部分是水分。某些燃料电池虽亦排放二氧化碳,但其含量远低于汽油之排放量,约为后者 1/6。

(7)可弹性设置/用途广。燃料电池的迷人之处在于其多样风貌。除了前述的集中分散两相宜的特点外,它还具有缩放性。利用黄光微影技术可制作微型化的燃料电池;利用模块式堆栈配置可将供电量放大至所需的输出功率。单一发电元所产生的电压约为0.7V,刚好能点亮一只灯。将发电元予以串接,便构成燃料电池组,其电压则增加为0.7V乘以串联的发电元个数。

2)燃料电池的劣势

(1)燃料电池造价偏高:车用PEMFC之成本中质子交换隔膜(USD300/m²)约占成本之35%,铂触媒约占40%,二者均为贵重材料。

(2)反应/启动性能:燃料电池的启动速度尚不及内燃机引擎。反应性可通过增加电极活性、提高操作温度及反应控制参数来达到,但提高稳定性则必须避免副反应的发生。反应性与稳定性常是鱼与熊掌不可兼得。

(3)碳氢燃料无法直接利用:除甲醇外,其他碳氢化合物燃料均需经过转化器、一氧化碳氧化器处理产生纯氢气后,方可供现今的燃料电池利用。这些设备亦增加燃料电池系统之投资额。

(4)氢气储存技术:FCV的氢燃料是以压缩氢气为主,车体的载运量因而受限,每次充填量仅为2.5~3.5kg,尚不足以满足现今汽车480~650km的续航要求(单程)。以-253℃保持氢的液态氢系统虽已测试成功,却有重大的缺陷:约有1/3的电能必须用来维持槽体的低温,使氢维持于液态,且从隙缝蒸发而流失的氢气约为总存量的5%。

(5)氢燃料基础建设不足:氢气在工业界虽已使用多年且具经济规模,但全世界充氢站仅有70个左右,仍处于示范推广阶段。

任务实施

一 任务准备

本任务采用工学一体化教学模式,按照学生30人,每组5人,每组任命1名小组长,进行具体任务的分工和工量具的清点(表1-7)。

任务准备清单 表1-7

实训项目	实训器材	说明	数量
动力蓄电池铭牌识别	比亚迪秦EV动力蓄电池	已经从车上拆下	2
	绝缘垫	通用	6
	绝缘手套	通用	6
	护目镜	通用	6
	安全帽	通用	6
	危险警示牌	通用	6

二 实施步骤

1. 首先完成作业前准备工作(表1-8)。

作业前准备 表1-8

作业前准备	①检查隔离栏、设置安全警示牌、灭火器
	②车辆防护
	③车辆预检
	④安全检查:绝缘手套、鞋　性能:＿＿＿＿　耐压等级:＿＿＿＿

2. 观察比亚迪秦 EV 车辆的动力蓄电池铭牌(图1-24)。

铭牌位置:＿＿＿＿＿＿＿＿＿＿＿＿＿＿＿＿＿＿＿＿＿

图 1-24　车辆动力蓄电池铭牌

3. 依据铭牌,完成车辆基本参数填写。其次查阅资料,确定该车的动力蓄电池生产厂家、动力蓄电池的类型等参数,填入表1-9。

动力蓄电池参数表 表1-9

动力蓄电池类型		额定电压	
动力蓄电池额定容量		动力蓄电池能量	
动力蓄电池生产厂家			

三　任务实施考核(表1-10)

活动评价表 表1-10

班级:　　　　　　　组别:　　　　　　　姓名:

项目	评价内容	分数（分）	评价指标		
			自评	互评	教师评价
关键能力考核项目（30%）	遵守纪律、遵守学习场所管理规定,服从安排	5			
	具有安全意识、责任意识、5S 管理意识,注重节约、节能与环保	5			
	学习态度积极主动,能参加实习活动安排	7			
	团队合作意识,注重沟通,能自主学习及相互协作	8			
	仪容仪表符合活动要求	5			

项目	评价内容	分数（分）	评价指标		
			自评	互评	教师评价
专业能力考核项目（70%）	按时按要求完成实施任务	40			
	工具、设备选择得当,使用符合技术要求	10			
	操作规范,符合要求	5			
	学习准备充分、齐全	10			
	注重工作效率与工作质量	5			
总分		100			
小组评价		组长签名：			
教师评语		教师签名：			

📖 知识拓展

中国磷酸铁锂电池席卷全球

在过去很长时间内,欧美车企更青睐于以高能量密度著称的三元电池,而如今这种倾向已经开始转变。美国三大车企巨头特斯拉、福特、通用都已将磷酸铁锂电池作为重要的战略选择。早在几年前,特斯拉部分车型已开始装配磷酸铁锂电池。特斯拉还自建磷酸铁锂电池工厂,通过采购宁德时代闲置设备生产电池,从而将磷酸铁锂电池引入美国。

通用汽车于近日宣布将放弃 Ultium 电池品牌,通用将采用磷酸铁锂电池技术,从而降低电动汽车的成本。通用汽车电池副总裁库尔特·凯尔蒂表示:采用磷酸铁锂电池将使其电动汽车的成本降低6000美元。福特汽车CEO吉姆·法利表示:与宁德时代合建新工厂生产的电池,将降低电动汽车成本,从而降低电动汽车定价,汽车制造商利润也会更高。

在成本控制和安全性的考量下,越来越多的海外厂家选择磷酸铁锂电池作为首选方案。随着全球电动车企对磷酸铁锂电池需求的增长,作为磷酸铁锂电池的主要提供商,中国电池制造商正在全球市场上迅速扩张。近年来,包括宁德时代、亿纬锂能、远景动力等龙头企业也在不断加大磷酸铁锂电池海外市场的投资,加速本土化战略落地,以抢占市场先机。

根据通用透露的信息,通用和宁德时代合作的新工厂可能会生产更有成本竞争力的磷酸铁锂动力蓄电池工厂,该工厂规划年产能不低于宁德时代与福特汽车合作建设的工厂,或由日本零部件制造商TDK出资运营。

而在此前,福特汽车和宁德时代也宣布采用技术授权模式开展合作。双方同时宣布将在美国密歇根州新建工厂合作生产磷酸铁锂电池。项目总投资约35亿美元,宁德时代将为该工厂的生产提供技术与服务支持。该厂预计2026年投产,初始设计年产能约35GW·h。

宁德时代董事长兼首席执行官(CEO)曾毓群曾表示,宁德时代目前正与欧美十余家汽车公司洽谈类似合作。

业内人士认为,磷酸铁锂产业出海,需要跨过三条鸿沟,即建设标杆工厂、本地化的产品得到成功验证、本地化工厂要实现盈利。目前,在电池企业出海形态上,除了产品出海外,还有技术出海、资金出海、产业链及生态出海等。中国动力蓄电池头部企业及材料企业,正在通过海外投资建厂、生态合作以及技术授权等多种方式,逐步拓展和完善海外市场的布局。

✏️ 巩固练习

一、选择题

1. 锂离子单体电池的正极材料通常不包括( )。

    A. 钴酸锂   B. 磷酸铁锂

    C. 镍钴锰酸锂   D. 石墨

2. 以下关于新能源汽车单体电池隔膜的说法,错误的是( )。

    A. 可以让锂离子通过   B. 是电子的绝缘体

    C. 目前主要有 PE、PP 及其组合   D. 能参与电池的电化学反应

3. 锂离子单体电池的负极导电集流体一般使用( )。

    A. 铝箔   B. 铜箔

    C. 铁箔   D. 镍箔

4. 新能源汽车单体电池的电解液一般为( )。

    A. 水   B. 硫酸溶液

    C. 有机体系,如溶解有六氟磷酸锂的碳酸酯类溶剂

    D. 氢氧化钠溶液

二、填空题

1. 新能源汽车单体电池中,将正负极极片与隔膜组装到一起形成裸电芯的主流工艺有_____和_____。

2. 电芯内部均装有 CID,当电芯内部压力超过安全限值时会自动_____或开启_____,从而切断内部电路,释放电池内部压力。

3. 电池单体的标准电压通常在_____V 到_____V 之间。

三、简答题

1. 简述新能源汽车锂离子单体电池的主要组成部分及其作用。

2. 说明新能源汽车单体电池中正极材料的选择对电池性能的影响。

项目二
动力蓄电池系统构造认知

📋 项目描述

　　动力蓄电池系统指用来给电动汽车的驱动提供能量的一种能量储存装置,由一个或多个电池包以及电池管理(控制)系统组成。本项目主要介绍动力蓄电池整体构造及原理,包含动力蓄电池结构认知和动力蓄电池管理系统认知2个任务。

　　通过以上2个任务的学习,能够认识并理解动力蓄电池的基本结构及管理系统的原理。

任务一　动力蓄电池结构认知

📖 任务描述

　　某4S店新能源汽车维修技师,要为待维修的新能源汽车动力蓄电池包更换电池模组,更换模组之前,需要整理好电池模组数量、电池单体数量、模组间连接等电池成组情况。

🏃 学习目标

知识目标

1.了解动力蓄电池的结构;

2.掌握动力蓄电池单体成组的特点;

3.了解比亚迪秦EV动力蓄电池的结构。

技能目标

能够根据动力蓄电池铭牌信息,描述动力蓄电池单体成组的特点等信息。

素质目标

1.培养学生在动力蓄电池维修作业中严格遵守技术规范和安全操作规程的能力,确保操作过程零风险,具备安全意识;

2.引导学生注重细节把控与工艺严谨性,在电池模组更换等任务中追求高标准,培养对技术精益求精的职业精神;

3.提升学生对新能源汽车技术革新的敏感度,鼓励其主动学习前沿知识,掌握新标准、新技术、新理念,适应行业快速迭代的挑战。

📖 **学习内容**

一 动力蓄电池成组的组合特点

❶ 动力蓄电池成组概念

（1）电池单体：构成动力蓄电池模块的最小单元。电池单体一般由正极、负极、电解质及外壳等构成，可实现电能与化学能之间的直接转换。

（2）电池模块：一组并联的电池单体的组合，该组合额定电压与电池单体的额定电压相等，是电池单体在物理结构和电路上连接起来的最小分组，可作为一个单元替换。

（3）电池模组：也叫电池包，是由多个电池模块或电池单体串联而成的一个组合体。动力蓄电池的成组原理如图2-1所示。

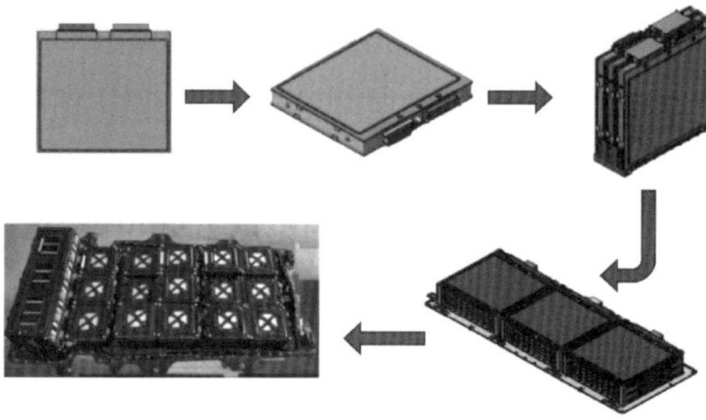

图2-1 动力蓄电池的成组原理

❷ 动力蓄电池成组电池单体串并联选用

1）动力蓄电池单体串并联特性

动力蓄电池在纯电动汽车、电网储能应用中，将多个动力蓄电池单体串联以满足电压需求（单体串联、容量不变、电压叠加），将多个动力蓄电池单体并联起来（单体并联、电压不变、容量叠加）满足容量需求，大部分的化学电池都可以并联使用，而锂离子蓄电池最适合并联使用。

（1）动力蓄电池单体并联特性。

动力蓄电池单体并联是指将多个动力蓄电池单体首首相连、尾尾相连，即将所有的动力蓄电池单体的正极相连接，所有动力蓄电池单体的负极相连接。动力蓄电池单体并联的特点是：电压不变，电池容量相加，内阻减小，可供电时间延长。并联电压等于动力蓄电池单体电压：

$$U_a = U_b = U_c = U_o \tag{2-1}$$

U_a、U_b、U_c、U_o 为各支路电压。

电流等于各动力蓄电池单体电流之和，即并联可以提高总电流。

$$I_o = I_a + I_b + I_c \tag{2-2}$$

I_o 为总电流，I_a、I_b、I_c 为各支路电流。

由 n 节动力蓄电池单体并联的动力蓄电池模组要达到与动力蓄电池单体相同的充电效

率,充电电流应为 n 个动力蓄电池单体电流之和,在欧姆定律 $I=U/R$ 的公式下,这个设计是合理的,但是并联后的锂动力蓄电池模组内阻也会起变化。

按照并联内阻公式,两个并联动力蓄电池单体的总内阻等于两个动力蓄电池单体内阻乘积与其内阻相加之和的比值,并联电阻会随着并联动力蓄电池单体数量的增加而递减。所以,动力蓄电池单体并联充电的效率可以在电流小于 n 个并联锂动力蓄电池单体电流之和的基础上实现。

动力蓄电池并联的目的是增加容量,因此动力蓄电池并联充电与动力蓄电池单体相比具有不同的设计特点,主要体现在充电电流设计与并联动力蓄电池单体的一致性上。一致性差的并联动力蓄电池单体会在充电过程中出现充不进电或者过充现象,从而破坏动力蓄电池模组的结构,影响动力蓄电池模组的寿命。

因此,在选用并联动力蓄电池单体时应避免将不同品牌、不同容量和不同新旧程度的动力蓄电池单体混用。对动力蓄电池单体一致性的内在要求是:动力蓄电池单体电压差 $\leqslant$ 10mV,内阻差 $\leqslant$ 5mΩ,容量差 $\leqslant$ 20mA。

（2）动力蓄电池串联特性。

动力蓄电池串联是指将动力蓄电池单体的首尾相连,即第一节动力蓄电池单体的正极接第二节动力蓄电池单体的负极,第二节动力蓄电池单体的正极接第三节动力蓄电池单体的负极依次类推;串联的动力蓄电池模组的电流处处相等:

$$I_o = I_a = I_b = I_c \tag{2-3}$$

I_o、I_a、I_b、I_c 为各蓄电池模组的电流。

电压是各个动力蓄电池单体端电压之和:

$$U_o = U_a + U_b + U_c \tag{2-4}$$

U_o 为总电压,U_a、U_b、U_c 为各蓄电池单体端电压。

动力蓄电池单体串联起来使用时的基本要求是:电压要一致,内阻相差不超过 5mΩ,容量相差不超过 10mA,并要保持动力蓄电池单体连接点的洁净,每个连接点都存在一定电阻,如果连接点不干净或者增加连接点,内阻会增高,会影响整个锂动力蓄电池模组的性能。不要混用不同厂家的动力蓄电池,要选择性能一致性高的动力蓄电池单体。

2）动力蓄电池串并联特点。

（1）要求动力蓄电池单体具有高度的一致性（容量、内阻、电压、放电曲线、寿命）,不管是软包装动力蓄电池单体还是圆柱动力蓄电池单体,都需要多串组合,如果一致性差,将影响动力蓄电池模组容量,一组中容量最低的动力蓄电池单体决定动力蓄电池模组的容量。

（2）动力蓄电池模组的循环寿命低于动力蓄电池单体的循环寿命。

（3）在限定的条件下使用（包括充电、放电电流、充电方式、温度等）。

（4）通过串并联构成动力蓄电池模组后,端电压及容量有很大提高,必须加以保护,对其进行均衡,并对温度、电压及电流进行监测。

（5）通过串并联构成动力蓄电池模组必须达到设计需要的电压、容量要求。

（6）要求动力蓄电池单体散热良好。由于动力蓄电池单体数量较多,在动力蓄电池箱内部的动力蓄电池单体的温升不容易散出来,造成各动力蓄电池单体间的温度不均匀,放电特性不一,长久造成锂动力蓄电池单体性能下降。

(7)生产工艺水平高。动力蓄电池要能承受颠簸路面的振动冲击,对生产工艺尤其是点焊工艺要求高。焊接完毕后进行测试以防虚焊、脱焊。

❸ 串并联动力蓄电池模组拓扑结构

构成动力蓄电池模组的典型连接方式有先并联后串联、先串联后并联和混联三种方式,如图2-2所示。纯电动公交车用动力蓄电池模组通常采用先并后串的连接方式,电网储能用动力蓄电池模组往往采用先串后并的连接方式。

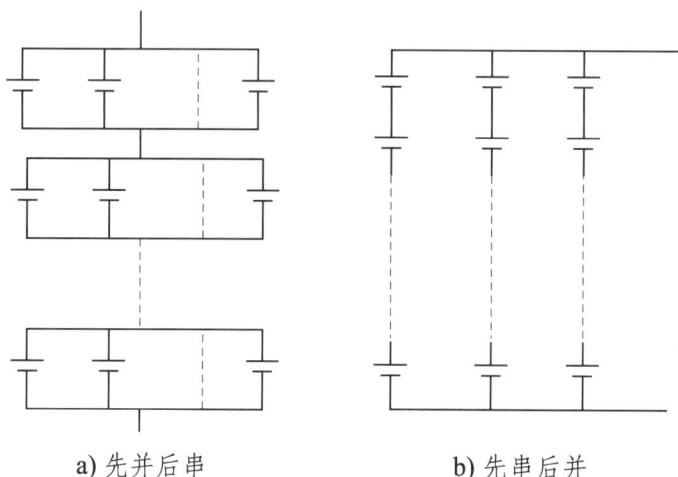

a) 先并后串　　　　　　　b) 先串后并

图2-2　电池组的连接方式

1)不同拓扑结构优、缺点

(1)动力蓄电池单体先并后串。

优点:动力蓄电池单体失效自动退出,除了容量降低,不影响并联后使用;并联中某个动力蓄电池单体短路时造成并联电路电流非常大,通常加熔断保护技术避免。

缺点:由于动力蓄电池单体内阻的差异、散热不均等都会影响并联后动力蓄电池模组的循环寿命。

(2)动力蓄电池先串后并。

优点:根据动力蓄电池单体容量先进行串联,如整组容量1/3,最后进行并联,降低了大容量动力蓄电池模组的故障概率;先串后并对于动力蓄电池模组一致性有很好的帮助。

缺点:若串联组中某个单体电池容量衰减或短路,会导致整个串联组容量下降,并联时可能拖累整体输出效率;不同串联组间容量、内阻差异可能引发并联后的电流不均衡,需复杂的蓄电池管理系统(BMS)实现组间均衡;串联组的冗余设计可能导致电池包体积和重量增加,影响能量密度,同时需要更多单体电池和连接部件,增加材料和组装成本。

从动力蓄电池模组连接的可靠性以及电压不一致性发展趋势和性能影响的角度分析,先并联后串联连接方式优于先串联后并联连接方式,而先串后并的动力蓄电池拓扑结构有利于对系统各个动力蓄电池单体进行检测和管理。

2)应用中问题分析

在动力蓄电池模组使用过程中,动力蓄电池单体过充电、过放电、超温和过流问题,将导致动力蓄电池模组使用寿命大幅缩短甚至发生燃烧、爆炸等恶性事故,因此,动力蓄电池模组使用寿命缩短、安全性下降已经成为制约其推广应用和产业发展的关键。

动力蓄电池单体筛选和成组后的有效电池管理是提高动力蓄电池模组性能的两个重要方面,在串联的动力蓄电池模组中,由于动力蓄电池单体容量、初始 SOC(State of Charge,荷电状态)、内阻、极化的不一致性,在充放电过程中需要电池管理系统检测动力蓄电池单体电压与充放电设备通信,以防部分动力蓄电池单体的过充或过放。

串联的动力蓄电池模组在良好的电池管理条件下,可在使用过程中避免如大倍率电流放电、环境温度过高等危及动力蓄电池模组的安全运行,串联的动力蓄电池模组不会因为连接成组而造成快于动力蓄电池单体的寿命衰退,但是部分动力蓄电池单体性能的短板效应,会减小串联的动力蓄电池模组的容量利用率,可以通过带均衡功能的电池管理系统提高。

在并联的动力蓄电池模组中,由于支路电流受到支路动力蓄电池单体参数影响,成组后支路动力蓄电池单体容量、初始 SOC、内阻和极化的差异会造成支路电流工况的差异,大多数并联支路的动力蓄电池单体参数虽然较为一致,整个充放电过程的平均电流倍率与并联的动力蓄电池模组的外施电流倍率差异不大,但是在动力蓄电池模组的充放电电压平台两端的 SOC 区间形成的电流差异较大。

例如,在充电末端90% ~100% SOC 区间,由平台电流差异的累积导致末端支路电流的差异,极其容易出现部分动力蓄电池单体欠充电,部分动力蓄电池单体过充充电。

另外一个显著的影响因素就是,并联的动力蓄电池模组由于实际工况中存在动态电流工况(电动汽车在加速、制动以及怠速过程)产生了电流环流,环流在一定程度上损伤了动力蓄电池模组的寿命。假设100W·h 的总充放能量会出现5W·h 的环流,动力蓄电池模组的循环寿命将比部分动力蓄电池单体实验寿命降低5%左右。

在先串后并的连接方式中,并联支路的串联部分动力蓄电池单体数目越多,整条支路部分动力蓄电池单体参数如内阻、极化,就更接近同一批次部分动力蓄电池单体参数平均值的整数倍,并联支路的容量差异和初始 SOC 差异成为导致并联电流不平衡的主要因素。同一批次部分动力蓄电池单体参数正态分布在先串后并的各个支路当中,显著降低了整个串并联动力蓄电池模组的电流不平衡程度。

当少数动力蓄电池单体性能下降时,如两个支路各有256 个,第一个支路有 5 个动力蓄电池单体容量下降5%,但是该支路剩余251 个动力蓄电池单体与第二个支路服从相同分布。由于串联的动力蓄电池模组整体的正态分布没有受到显著影响,那么这两个支路的电流分布应该没有显著改变。当充电或者放电过程进行到 5 个性能较差的动力蓄电池单体电压达到截止条件时,整个串并联的锂动力蓄电池模组也达到了截止条件,将导致锂动力蓄电池模组容量利用率降低5%左右。

在这种情况下,电池管理均衡器的效率和均衡能力决定了动力蓄电池模组的性能。当不同批次动力蓄电池单体同时工作时,为降低动力蓄电池单体运行成本,在可控和可预计的范围内将出现不同批次、新旧老化程度不同、支路容量差异或者梯次利用筛选分类的动力蓄电池单体串联支路并联工作情况,由于不同支路动力蓄电池单体参数、不同成组方式产生较大的差异,可通过对串并联的动力蓄电池模组的建模仿真,预测不同成组方法的电流不平衡的程度,不同参数分布、串联支路的自身特性及其并联后的耦合特性决定了动力蓄电池模组的容量利用率,以及支路电流不平衡、电流平衡时间等锂动力蓄电池模组的循环稳定性。

二 动力蓄电池的结构

动力蓄电池包是电动汽车的关键部分,其设计和构造对车辆性能、安全和行驶里程有重要影响。如图2-3所示,一个动力蓄电池包由以下几个主要部分构成:

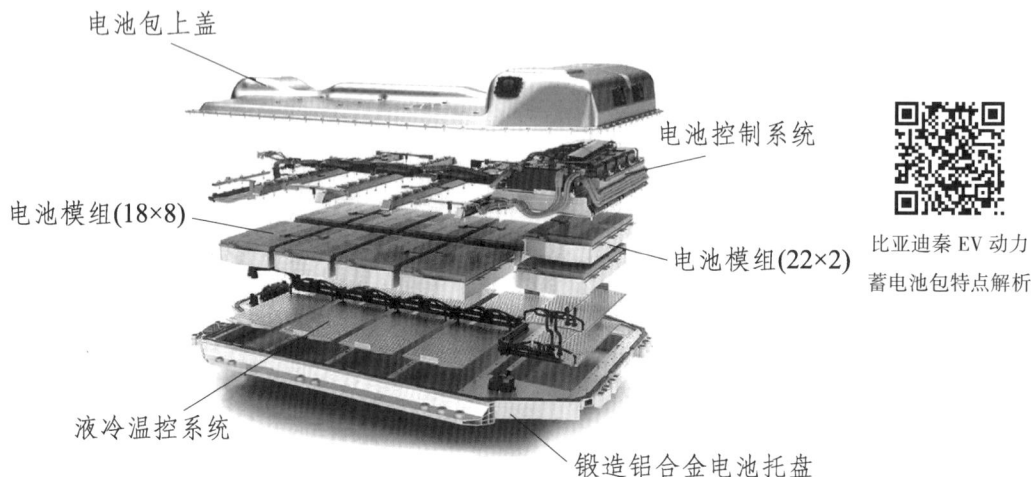

图2-3 动力蓄电池包的结构

(1)电池模组:多个电池单体通过连接和组装形成模组,这些模组便于统一管理和维护。模组间需采用耐火材料,耐火时间大于或等于5min,同时模组内部可能包括电路保护元件、温度传感器等。

(2)温控系统:为了保持电池在适宜的温度范围内工作,电池包需要配备有效的冷却系统。这可以通过空气冷却、液体冷却或其他方式来实现。

(3)结构框架:用以支撑和固定电池包内部的模组,同时保护电池免受外界环境的影响,如冲击和振动等。框架通常采用轻质高强度的材料,如铝合金或碳纤维复合材料,抗压强度≥100kN。在满足强度刚度的前提下,满足电气设备外壳防护等级IP67设计要求,线束走向合理、美观且固定可靠。

(4)电气连接器:用于将电池包连接到车辆的其他系统,如驱动电机、充电系统和能源管理系统。

(5)安全装置:包括防爆阀、熔断丝、断路器等,用于确保电池在异常情况下的安全。

(6)电池控制系统:高级的软件系统能实时监测电池的状态,并通过算法优化电池的使用效率和寿命。

(7)绝缘材料:为了防止短路和漏电,电池包内部会使用多种绝缘材料来隔离电池与其他组件。

三 比亚迪秦EV的动力蓄电池结构

图2-4为比亚迪秦EV动力蓄电池包,通过拆解,解析比亚迪所掌握的电池包安全设计、热管理设计等创新及管理技术。

1 方形铝壳集成工艺

揭开电池包的超薄非金属上盖以及二氧化硅气凝胶防火隔热层后,可以清楚地看到电池包整体的布置结构,是电池包集成工艺的体现。集成工艺在动力蓄电池的研发中非常重要,必须满足机械防护、热安全防护、热管理、环境防护等全方面安全要求的前提下,追求轻量化及优化成本。

与特斯拉所采用的圆柱型电芯方式不同,比亚迪采用了国内普及率更高的方形铝壳,后者具有能量密度高、集成难度低的优势。另外,方形的封装工艺,也有助于缩小电芯间的缝隙,让整体尺寸更加紧凑,而圆柱电芯必然要在电芯间留出三角形的空隙,降低了空间利用率。

如图 2-5 所示,比亚迪秦 EV 采用镁铝合金材质打造的电芯壳体,与圆柱型电池所采用的不锈钢壳体相比,重量更轻,有利于提高电芯的能量密度,而且制造成本也更低。而且方壳的结构可以容纳更多电解液、电芯极片膨胀应力更低,电池寿命比圆柱形长 2 倍以上。

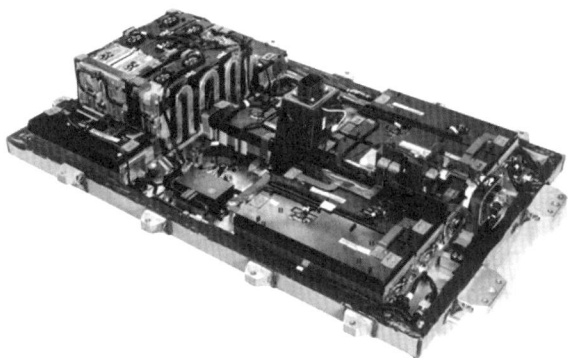

图 2-4　比亚迪动力蓄电池包

图 2-5　方壳电芯模组

2 电池模组

比亚迪秦 EV 采用了比亚迪自主研发的镍钴锰三元电池,也就是在钴酸锂基础上,经过改进,以镍钴锰作为电池正极材料,并合理配置了镍钴锰的比例,在优化成本、保证安全的同时,使电池具有容量高、热稳定性能好、充放电压宽等优良的电化学性能。

镍钴锰三元电池能有效提高电池能量密度,达到 $160.9W \cdot h/kg$,结合 $56.4kW \cdot h$ 的容量。综合工况下续航里程 420km,60km/h 等速续航里程 500km,从而有效缓解用户在续航里程方面的忧虑;并且得益于电池组的高能量密度,有效降低汽车的电池装载量,从而减轻汽车的自重。

如图 2-6 所示,电池模组的成组方式充分考虑到了散热和轻量化的需求,采用两侧铝制短板加弹性钢带捆扎的方式,自适应电池在充放电过程中的膨胀。同时,多种规格的模组可以实现灵活的布局,适应不同车型的需要。在车体中部尽量扁平,单层布局,增加车内高度空间。

在细节设计上,主回路连接和信号采集的部分使用了铝巴,在同样导电能力的情况下,其质量比使用铜材质可以降低一半以上,而且成本也能得到控制。

如图 2-7 所示,电池单体之间的连接方式,引出极上采用了铜排而非铝排,这是因为铝排的硬度较低,在高温、高应力的情况下,铝会发生塌缩,并且塌缩之后不易回弹,一热一冷就会导致缝隙加大,接触电阻上升,带来安全隐患。

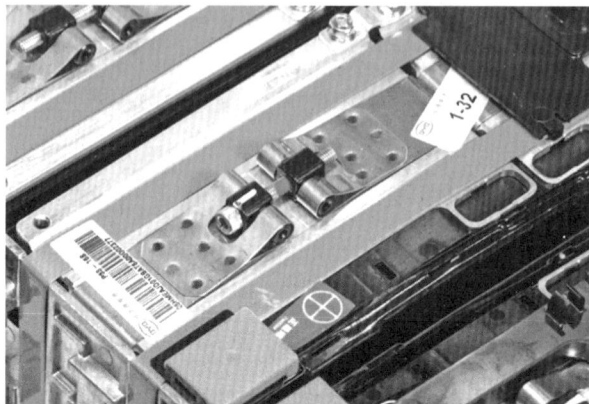

图 2-6　电池模组捆扎方式　　　　　　　图 2-7　电池单体之间的连接方式

在铜铝不同材质的连接上,比亚迪采用了一种叫作电磁脉冲焊的技术。相对于现在常用的铜铝直接碾压连接或超声波焊接技术,电磁脉冲焊的工艺难度比较大,虽然成本也会相应提高,但效果是最好的,是目前比较先进的技术。

在每一个电池极柱和极柱之间,用激光把铝制汇流排和极柱熔焊在一起,能够保证可靠性。并且在汇流排上设计有一个凹陷,用来吸收机械振动以及电击膨胀带来的应力。而如果是直铝巴,随着电池的老化膨胀,相邻电池的极柱间距会增大,拉伸应力会影响焊点的可靠性。

如图 2-8 所示,在信号连接的部分,比亚迪采用了柔性电路板,相对于传统采样线束的方案,集成度更高,也更轻薄。如果仔细观察,会发现柔性电路板上有细丝状的布线,这就是采样线熔断线。它的作用是在汽车发生碰撞时,可能会挤压采样线束造成短路,进而引起采样线起火,这些细丝便会在短路时由于过流而发生熔断,从而切断短路回路,确保整个线束的安全和电池模块的安全。

❸ 电池管理系统

由于采用了锂电池,为了保证电池始终处在一个比较合适的温度范围内进行工作,比亚迪为其配备了一套独立的电池智能温控管理系统,以确保动力蓄电池在复杂的温度环境之下可以获得稳定可靠的性能。这套智能温控管理系统通过液体介质保温和降温,能有效保证电池温度均一性。图 2-9 所示为空调系统电子膨胀阀。

在冷却方式上,比亚迪在电池内增加了散热回路,通过板式换热器与空调回路相连,电池进出水和电池极耳处都布有温度传感器,结合电池温度实时调节空调压缩机的功率来控制电池进水温度及流量,以此来控制电池温度在适宜工作温度。

在加热方式上,比亚迪在电池散热回路里串联加热器(Positive Temperature Coefficient,PTC),通过调节加热器的功率,控制进水温度及流量,以此来控制电池在冬季也能在适宜温度工作,确保充电速度和放电动力性,如图 2-10 所示。

图 2-8 信号采集线束连接方式

图 2-9 电子膨胀阀

蓄电池管理系统(Battery Management System, BMS)还可以实时监测电池状态,对低温、过充、过放、过温等进行保护,从而延长电池寿命。当温度过低或过高时,会限制充放电功率;而当温度严重过低或过高时,会禁止充放电,从而保护电池。

❹ 蛇形水冷扁管

用来冷却以及加热的水道管路布置在不同电池模组的底部或者侧面,电池包中的水管采用了与特斯拉相同的口琴管,这种口琴管很薄,壁厚在 0.8～1mm,相比于传统的壁厚为 1.6～2mm 的铝合金水管,质量上要轻不少。

比较有特色的是,比亚迪秦 EV 上所采用的蛇形水冷扁管如图 2-11 所示,横向弯折蛇形设计相比于特斯拉,可以说是采用了同样的技术路线,但从工艺角度上讲更难,尤其是在弯曲部分的外圈,材料内外侧的拉伸率相差比较大,容易发生褶皱和裂纹,对材料以及工艺的要求非常高。

图 2-10 PTC 加热器

图 2-11 蛇形水冷扁管

❺ 组装工艺

整个电池包在总装的过程中,对工艺的控制非常完美。特别是在每一个水冷管的连接点、每一个接插件的连接点、每一个高压电气的连接点,以及结构固定的点上,基本上都有两到三道确认。例如,一些低压的接插件负责电池的信号采集,如果 BMS 系统丢失了单体电压信号或者单体温度信号,就不能继续可靠地工作,也就无法完全保证电池的安全。

一般的接插件只有一个锁扣,锁紧之后会有锁止声音作为提示。而比亚迪不仅有声音作为确认,同时还有一个副锁扣,只有一级锁扣接插到位时,才可以将副锁扣闭合。

高压电器的连接也是整个电池包组装中最核心、最关键的一点,尤其是在主回路连接的可靠性和低内阻设计上。比亚迪的电池包在主回路的长距离连接上采用了耐高温的聚酰亚胺压封的铜排,并且设计了很多立体弯折,从而在受到振动,或是受热膨胀时,通过这些弯折来吸收长度的变化,避免将载荷转移到连接螺钉上,如图 2-12 所示。

另外,整个电池包内的大部分管线都采用了尼龙网状编制管套,特别是与电池包壳体及内部器件接触的管线,在保护线束,避免磨损的同时,也起到降低噪声的作用,如图 2-13 所示。

图 2-12　铜排连接

图 2-13　尼龙网状编制管套

任务实施

一　任务准备

本任务采用工学一体化教学模式,按照学生 30 人,每组 5 人,每组任命 1 名小组长,进行具体任务的分工和工量具的清点(表 2-1)。

任务准备清单　　　　　　　　　　　　　　　　表 2-1

实训项目	实训器材	说明	数量
电池包基本结构认知	比亚迪秦 EV 动力蓄电池	已经从车上拆下	2
	绝缘垫	通用	6
	绝缘手套	通用	6
	护目镜	通用	6
	安全帽	通用	6
	危险警示牌	通用	6

二　实施步骤

1. 首先完成作业前准备工作(表 2-2)。

作业前准备   表2-2

作业前准备	①检查隔离栏、设置安全警示牌、灭火器
	②车辆防护
	③车辆预检
	④安全检查:绝缘手套、鞋 性能:_____ 耐压等级:_____

2.通过观察比亚迪秦EV动力蓄电池包,填写表2-3。

动力蓄电池包参数表   表2-3

模组数量		冷却方式	
电压等级		电池类型	
单体电池数量		单体电池额定容量	
串并联方式		单体电池电压等级	

三 任务实施考核(表2-4)

活动评价表   表2-4

班级: 组别: 姓名:

项目	评价内容	分数(分)	评价指标		
			自评	互评	教师评价
关键能力考核项目(30%)	遵守纪律、遵守学习场所管理规定,服从安排	5			
	安全意识、责任意识,5S管理意识,注重节约、节能与环保	5			
	学习态度积极主动,能参加实习活动安排	7			
	团队合作意识,注重沟通,能自主学习及相互协作	8			
	仪容仪表符合活动要求	5			
专业能力考核项目(70%)	按时按要求完成实施任务	40			
	工具、设备选择得当,使用符合技术要求	10			
	操作规范,符合要求	5			
	学习准备充分、齐全	10			
	注重工作效率与工作质量	5			
总分		100			
小组评价			组长签名:		
教师评语			教师签名:		

知识拓展

材料创新才是终极目标

当前动力蓄电池行业竞争不断加剧,各大厂商对电池系统结构和电芯组合方面的改造升级显然已经不能满足行业的实际需求。而从实际的装机情况来看,除了自产自销的比亚迪已经实现对刀片电池的大规模应用外,其他的结构创新实现大规模商业化的并不多。如今行业更期待更具性价比、创造力、前瞻性的技术不断出现,如钠离子电池、半固态电池等。

首先钠离子电池方面。2021年7月,宁德时代发布首代钠离子电池,其电芯单体能量密度达到 $160W \cdot h/kg$,接近磷酸铁锂。业内认为,相较于磷酸铁锂和三元锂电池,钠离子电池在成本、安全、快充和低温性能上有较大优势。尤其是从原材料的储备来看,钠资源在全球的储量非常丰富,其在地壳中的丰度位于第六位,丰富的原料储备避免了价格波动。

与电池级碳酸锂每吨均价数十万元相比较,钠离子电池所需的轻质纯碱均价不足5000元每吨。而且钠离子电池还能采用铜基正极材料来避开价格较高的过渡金属化合物。同时负极材料可通过价格较低的无烟煤加工获得,隔膜成本基本与锂电池相近。

其次在半固态电池方面。基于规模化、商业化、成本等诸多问题,动力蓄电池的终极形态全固态电池可能在2030年前都很难实现大规模量产,而作为折中方案的半固态电池得以率先步入市场。与液态电池相比,半固态电池在安全性、能量密度与循环寿命等多个方面更具优势。在众多动力蓄电池企业推动下,半固态电池今年内有望迎来量产装车关键时点。

业内人士认为,动力蓄电池市场竞争日趋激烈,推动着动力蓄电池技术创新不断加速。然而无论是在结构方面创新,还是材料方面创新,都必须坚持安全性作为基石,高能量密度、高倍率性能作为主要发展方向的三大基本原则不变。

从目前情况来看,钠离子电池、半固态电池等全新技术仍在大规模应用前夜,还远不具备颠覆当前动力蓄电池产业格局的条件。唯有不断的创新,才能成为企业打造核心竞争力,推动行业发展的动力。

巩固练习

一、选择题

1. 动力蓄电池包外壳的主要功能不包括( )。
    A. 防水防尘　　　　　　　　　　　　　B. 参与电化学反应
    C. 抵御物理冲击　　　　　　　　　　　D. 固定内部组件

2. 电池模组中用于分隔电池单体的部件是( )。
    A. 汇流排　　　　B. 绝缘片　　　　C. 冷却板　　　　D. 支架

3. 连接电池单体电极引出端,实现电池串联或并联的是( )。
    A. 高压线　　　　B. 低压线　　　　C. 汇流排　　　　D. 通信线

4. 以下不属于动力蓄电池包内部电气元件的是( )。
    A. 熔断器　　　　B. 继电器　　　　C. 电容　　　　D. 轮胎

二、填空题

1. 动力蓄电池包主要由电池模组、_____、冷却系统、电气连接系统和外壳等部分组成。

2. 电池模组是由多个_____按照一定的方式排列组合而成。

3. 动力蓄电池包的冷却系统常见的有风冷、_____和相变材料冷却。

三、简答题

1. 请简要介绍动力蓄电池包中电池模组的结构特点。

2. 试说明动力蓄电池包外壳的材料要求和设计要点。

任务二　动力蓄电池管理系统认知

任务描述

某 4S 店汽车维修技师,要为车间的比亚迪秦 EV 纯电动汽车更换电池单体,因此,他需要对比亚迪秦 EV 纯电动汽车动力蓄电池的参数、类型等有具体的了解,并完成相应配件电池单体的定制。

学习目标

知识目标

1. 了解动力蓄电池管理系统的原理及结构;

2. 掌握动力蓄电池管理系统的主要功能。

技能目标

能够准确描述蓄电池管理系统各部件名称及功能。

素质目标

1. 培养学生严格遵循蓄电池管理系统(BMS)的安全操作流程,提升高压电气作业中的风险识别与规避能力,树立"安全无小事"的职业理念;

2. 引导学生在 BMS 参数监测、故障诊断中注重数据分析与逻辑推理,形成基于精准数据的技术决策习惯,避免经验主义;

3. 在 BMS 维护任务中,培养学生从全局视角理解系统各模块的协同关系,注重维护流程的完整性与细节把控,避免因局部疏漏引发系统故障。

学习内容

蓄电池管理系统(BMS)是监视蓄电池的状态(温度、电压、荷电状态等),可以为蓄电池提供通信、安全、电芯均衡及管理控制,并提供与应用设备通信接口的系统。BMS 主要由单体监控单元(CMU)和电池管理单元(BMU)组成。BMS 能实时检测动力蓄电池的电压、电流、温度等参数,实现对动力蓄电池进行热管理、均衡管理、高压及绝缘检测等,并且能够计算动力蓄电池剩余容量、充放电功率以及 SOC 状态。一般通过采用内部 CAN 总线技术实现模块之间的数据信息通信。

一 蓄电池管理系统的结构组成

随着动力蓄电池系统能量密度更高、容量更大、运行时间更长，对 BMS 的功能也提出了新的要求。按照采集模块和主控模块在实体上的分配布置不同，从拓扑架构上看 BMS 根据不同项目需求分为了集中式（Centralized）和分布式（Distributed）两类。

❶ 集中式管理系统

集中式管理系统是一种将电池管理功能高度集成化的架构设计，其物理形式表现为将整个管理系统集成于单一盒体之内。该架构的核心特征是：将单体电压采集单元、电压备份单元及温度监测单元全部整合在一块 BMS 主板上，形成高度集成的控制模块。集中式管理系统因其结构紧凑、成本较低、可靠性较高的特点，主要应用于电池串数较少、系统总压较低、容量较小的场景，如小型纯电动车、混合动力电动汽车（HEV）或储能设备等。这类场景对电池管理的复杂度要求较低，集中式架构能够在满足功能需求的同时，降低硬件成本与布置难度。

集中式架构的 BMS 硬件可分为高压区域和低压区域。高压区域负责进行单体电池电压的采集、系统总压的采集、绝缘电阻的监测。低压区域包括了供电电路、CPU 电路、CAN 通信电路、控制电路等。可取之处在于，省去了从板，进而省去了主板从板之间的通信线束和接口，造价低，信号传递可靠性高。缺点也很明显，全部线束都直接走线到控制盒，无论控制器布置在什么位置，总有一部分线束会跑长线。信号受到干扰的概率增加，线束质量和制作水平以及固定方式也受到考验，如图 2-14 所示。

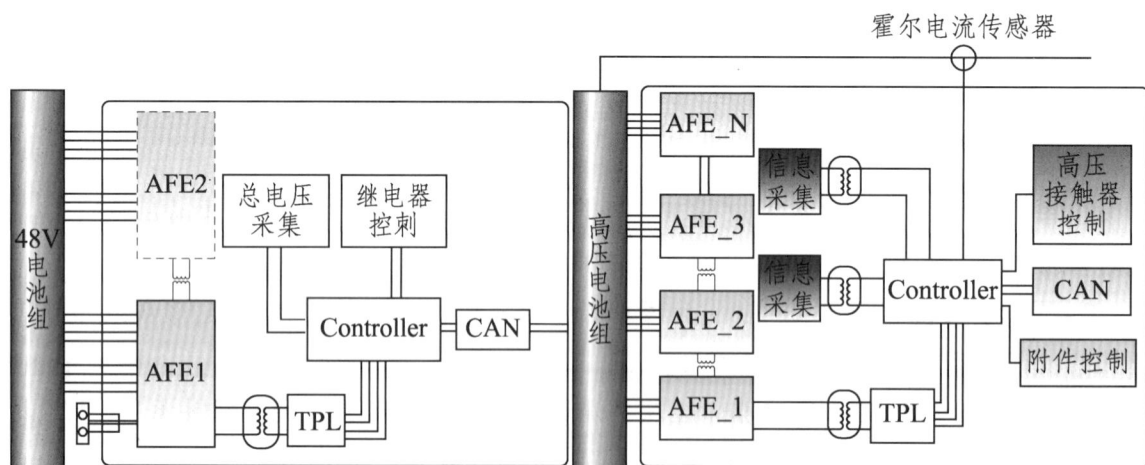

图 2-14　集中式 BMS 拓扑结构图

❷ 分布式管理系统

分布式管理系统（BMU + 多个 CSC 方式）：这种是将电池模组（模组和 CSC 一配一的方式）的功能独立分离，整个系统形成了 CSC（单体电池组管理单元）、BMU（电池管理控制器）、S-Box 继电器控制器和整车控制器，三层两个网络的形式。形式上，就是一个主控盒和几个从控盒共同组成。主控盒只接入通信线，主控负责采集的信号线，给从板提供的电源线等必需的线束。而从控盒,则布置在自己需要负责采集温度、电压的电池模组附件,把采集到的信号通过 CAN 线报告给主控模块。有的电池模组,直接把电压、温度采集线做在模组内部,用一个线对线连接器引出。电池包组装时,直接对插连接器即可。

分布式的 BMS 架构能较好地实现模块级(CSC Module)和系统级(Pack)的分级管理。由从控单元(Local Electronic Control Unit,LECU)负责对 Module 中的单体进行电压检测、温度检测、均衡管理以及相应的诊断工作;由高压管理单元(HVU)负责对 Pack 的电池总压、母线总压、绝缘电阻等状态进行监测(母线电流可由霍尔传感器或分流器进行采集);且 LECU 和 HVU 将分析后的数据发送至主控单元(Battery Management Unit,BMU),由 BMU 进行电池系统(Battery State Estimate,BSE)评估、电系统状态检测、接触器管理、热管理、运行管理、充电管理、诊断管理以及执行对内外通信网络的管理。

分布式 BMS 的优点是可以将模组装配过程简化,采样线束固定起来相对容易,线束距离均匀,不存在压降不一的问题;如后面分析的那样,当电池包大了以后,这种模式就很有优势了。缺点是成本较高,需要额外的 MCU,独立的 CAN 总线支持将各个模块的信息整合发送给 BMS,总线的电压信息对齐设计也相对复杂。这种方案系统成本最高,但是移植起来最方便,属于单价高开发成本低的典型,电池包可大可小。主要应用于高电压系统,电池串数多,或者商用车这种一辆车上布置几个电池箱的情况。这样的设计,确实带来了成本的小幅提高。但同时减少了线束应用,降低了现场接线工作量,也就降低了接线错误的概率。分布式,是适合于大批量,自动化生产的设计形式。

分布式 BMS 由 1 个主控制器、1 个高压控制器、若干个从控制器及相关采样控制线束组成,通过 CAN 总线实现各控制器间信息交互。图 2-15 所示为新能源车辆高压电池组的电池管理系统采用的分布式结构。

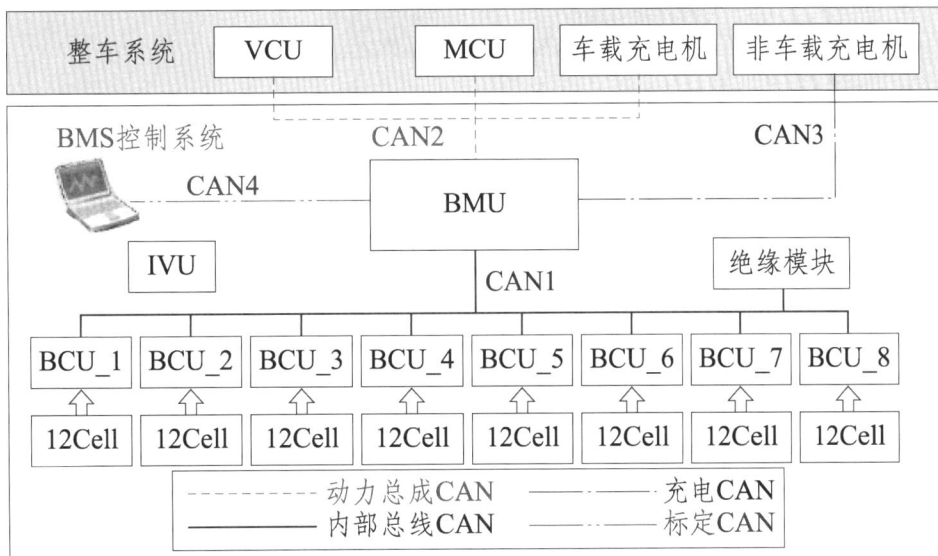

图 2-15　分布式 BMS 拓扑结构

电池管理单元在 BMS 中,作为总控制器,发挥着核心作用。通过处理从控制器和高压控制器上报的信息,同时根据上报信息判断和控制动力蓄电池运行状态,充放电控制,实现 BMS 相关控制策略,并作出相应故障诊断及处理。

电池控制单元(Battery Control Unit,BCU)作为 BMS 的从控制器,是分布式电池管理架构的核心组件之一。其核心功能是实时采集动力蓄电池单体的电压、温度等关键参数,并通过内部通信网络(如 CAN 总线)向上级电池管理单元(BMU)实时上报数据,同时反馈每一串电芯的荷电状态(SOC)和健康状态(SOH),为电池系统的整体状态评估提供底层数据支撑。

高压信息采集单元(Integrated Voltage and Current Unit,IVU),又称高压控制器,是 BMS 中负责高压电气参数采集与安全监测的核心硬件模块。其核心功能是实时获取电池组的总电压、总电流等关键数据,通过硬件电路实现高精度信号处理,并为主控单元(BMU)提供底层数据支撑,确保电池状态估算与安全控制策略的精准执行。

绝缘模块:采样控制线束,为动力蓄电池各种信息采集和控制器间信息交互提供硬件支持,同时在每一根电压采样线上增加冗余保险功能,有效避免因线束或管理系统导致的电池外短路,实现电池组绝缘电阻采集,可以与 IVU 集成。

二 蓄电池管理系统的工作原理

BMS 是一个专门管理电池包中各个单体电池状态的系统,可以确定整个电池包的状态以及依据状态进行对应的控制调整和策略执行。一般来说,BMS 主要分为主控和从控两大模块,由中央解决单元、数据采集模块、数据监测模块、显示单元模块、控制部件构成,一般是通过采用内部的 CAN 总线技术实现模块之间的数据信息通信,如图 2-16 所示。

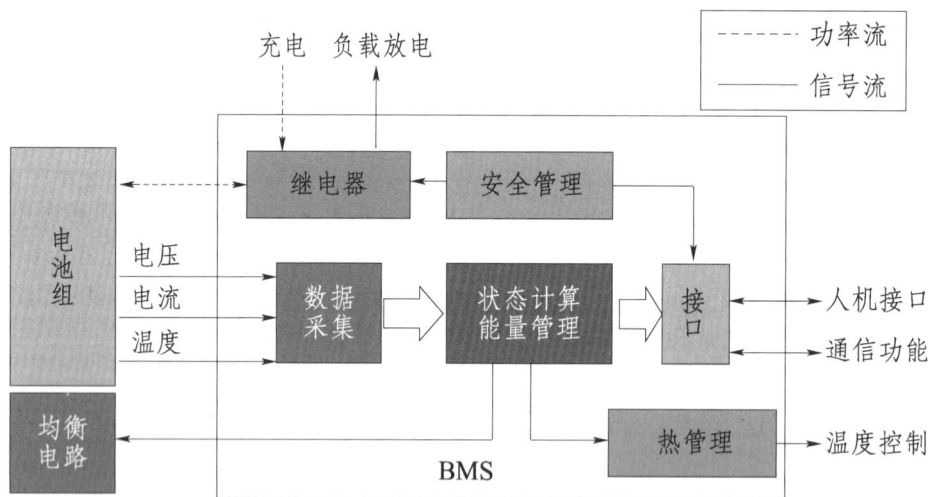

图 2-16　BMS 的工作原理

中央主控模块主要负责整个系统的管理和控制,就像一个人的大脑控制思想然后再把各个思想传达到肢体,操控肢体活动。锂离子蓄电池的终端模块部分负责进行数据采集,包括电压、电流、温度、信号等数据。最后就是显示模块来呈现数据以实现人机交互。

基于各个模块的功能,BMS 能实时测试动力蓄电池的电压、电流、温度等参数,实现对动力蓄电池进行热管理、均衡管理、高压及绝缘测试等,并且能够计算动力锂离子蓄电池剩余容量、充放电功率以及 SOC、SOH 状态。

依据这些模块的互相配合就可以完成电池参数测试、电池状态估计、在线故障诊断、电池安全控制与报警、充电控制、电池均衡、热管理、网络通信、信息存储、电磁兼容等各种工作。

三 电池管理系统的主要功能

蓄电池管理系统的基本功能可以分为检测、管理、保护这三大块。具体来看,包括数据采集、状态监测、均衡控制、热管理、安全保护等功能。

❶ 动力蓄电池数据采集功能

数据采集是电池管理系统最基本的功能,是其他各项功能的前提与基础,主要通过对应的传感器进行采集。蓄电池状态监测一般指对蓄电池电压(电芯电压和总电压)、电池电流和温度等三种物理量的监测,由相应的传感器负责采样和监测。对于电压的监测通过对应的采样电路采集每个电芯和电池包的总电压;对于温度的监测主要通过温度传感器(NTC)进行测量,通常电压和温度采样一起集成在电芯连接系统(Cell Connection Systems,CCS)中,比亚迪秦 EV 纯电动汽车动力蓄电池采集线束如图 2-17 所示。除了针对电池本身,还应对环境温度、电池包的温度、热管理系统进出水口的温度等进行监测。电池的电流通过电流传感器进行监测,常见的电流传感器主要有分流式和霍尔式。比亚迪秦 EV 纯电动汽车的电流传感器如图 2-18 所示。由于安全法规趋严,BMS 后续可能会加入压力和气体传感器用以监测压力变化和气体信号,为动力蓄电池系统提供热失控预警功能。

图 2-17   比亚迪秦 EV 纯电动汽车动力
蓄电池采集线束

图 2-18   比亚迪秦 EV 纯电动汽车电流传感器

❷ 动力蓄电池状态分析

对电池状态的分析主要是针对电池剩余电量及电池老化程度这两个方面,即 SOC 评估和 SOH 评估。SOC 能够让驾驶人获得直接的信息,了解到剩余的电量对续航里程的影响。现阶段的研究很多都集中在 SOC 分析上,其精确度也在不断增加。SOC 分析会受到 SOH 的影响,电池的 SOH 在使用过程中受到温度、电流等持续影响而需要不断进行分析,以确保 SOC 分析的准确性。

SOC 的分析方法主要有电荷计量法、开路电压法、卡尔曼滤波法、人工神经网络算法和模糊逻辑法等。在这简单介绍电荷计量法和开路电压法这两种方法。

1)电荷计量法

电荷计量法是通过对一段时间内电池充入放出的电荷进行统计,即电流在时间上的累积来计算得到 SOC。虽然这是最常用的一种计量方法,然而会受到很多因素的影响包括数据采用精度、自放电问题等。比如由于电流传感器采用精度的不足,用于积分计算的电流与真实值之间存在误差,使得 SOC 的结果偏差越来越大。所以在采用电荷计量法时需要用到一些修正算法对各种影响因素进行校正,减少计算分析结果的误差。

2)开路电压法

开路电压法是在电池处于静置状态下对电池的开路电压测量来计算电池的 SOC。但需要注意的是,采用开路电压法时一般认为 SOC 与电动势有一定的线性关系,任意一个 SOC 值都只对应一个电动势值。采用开路电压法必须要考虑到电压回弹效应,在电压没有回弹到稳定值时计算得到的 SOC 会偏小。与电荷计量法相比较,开路电压法在电池正常工作时不能使用,这是它最大的问题。

现阶段要对 SOC 进行十分精确的测量仍存在很大的困难,比如由于传感器精度和电磁干扰引起采样数据的不准确带来状态分析的偏差。另外,电池的不一致性、历史数据、使用工况的不明确性也对 SOC 的计算带来很大的影响。

电池组中电芯间的一致性越高,电池状态估算就越精准。单个电芯的电池状态估算可以采用历史数据模拟,相对简单,而对动力蓄电池组来讲,是由多个单体电芯串并联而成的,电池数目越多,电池之间的差异也就会越大,SOC 的估算要详细考虑电池组中每个电池的状态,这是非常困难的。因此,实际采用的方法是将整个电池组视为一个单体来进行估算。这就意味着电池的一致性越高,估算的累计误差会越小。在电芯确定的情况下,BMS 对电池状态的估算越好,就越能延长动力蓄电池组的寿命,最大化提高能量利用效率。

❸ 动力蓄电池能量均衡管理

由于生产制造和工作环境的影响会造成电池单体的不一致性,在电压、容量、内阻等性质上出现差别,使得每个单体电池在实际使用过程中有效容量和充放电电量是不一样的。因此,为保证电池系统的整体性能,并延长使用寿命,为减少单体电池之间的差异性而对电池进行均衡控制是十分必要的。

均衡管理有助于电池容量的保持和放电深度的控制。如果没有对电池进行均衡控制,由于电池管理系统的保护功能设置,就会出现某个电池单体充满电时其他电池单体没有充满,或者某个最小电量的单体电池放电截止时,其他电池还没有达到放电截止限制的现象。一旦电池出现过充或者过放,电池内部会发生一些不可逆的化学反应导致电池的性质受到影响,从而影响电池的使用寿命。

目前,在蓄电池管理系统中,均衡方法主要有被动均衡和主动均衡两大类。被动均衡也被称为耗散型均衡,其实现方式是在每一个单体电芯上并联一个可控的电阻,将容量较高的电芯中的多余能量消耗掉,实现整组电芯电压均衡。主动均衡即能量转移均衡,其实现方法是将容量较高的电芯中的能量转移到容量较低的电芯中,在实施过程中需要一个储能环节(电容或电感),以便能量通过这个环节进行重新分配,如图 2-19 所示。

❹ 动力蓄电池的热管理

电池系统在不同运行工况下由于其自身有一定的内阻,在输出功率、电能的同时,会产生一定的热量,而热量累积又会使电池温度升高,空间布置的不同使得各处电池温度并不一致。当电池温度超出其正常工作温度区间时,必须限功率工作,否则会影响电池的寿命。为了保证电池系统的电性能和寿命,动力蓄电池系统一般设计有热管理系统。电池热管理系统是用来确保电池系统工作在适宜温度范围内的一套管理系统,主要由电池箱、传热介质、监测设备等部件构成。

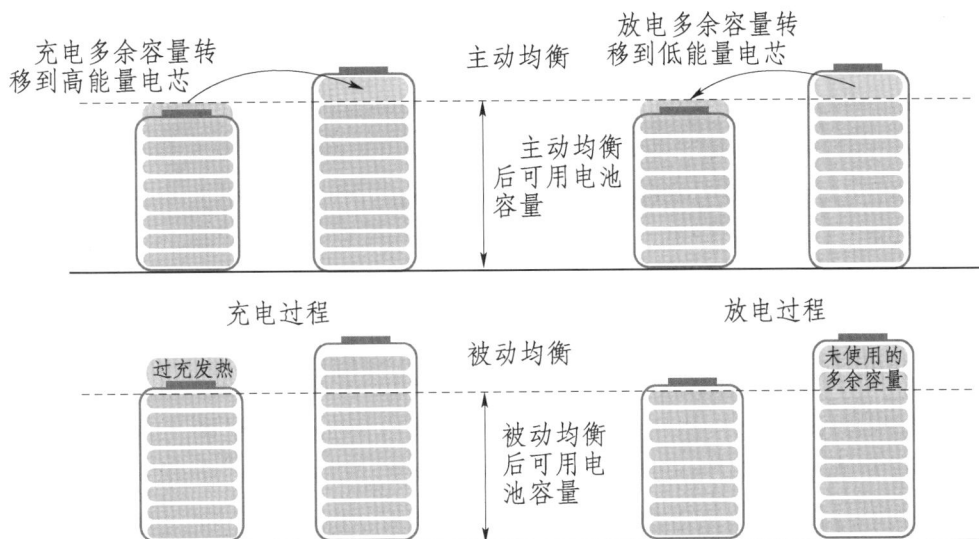

图 2-19　动力蓄电池能量均衡管理

电池管理系统在热管理上的主要功能是对电池温度进行准确的测量和监控,在电池组温度过高时有效散热和通风,以保证电池组温度场的均匀分布;在低温的条件下,能够进行快速加热,使电池组达到能够正常工作的环境。热管理系统的冷却方式有水冷和风冷两种。本书重点介绍水冷式热管理系统。

采用水冷式动力蓄电池配有一套较为复杂的冷却回路。图 2-20 所示是水冷式动力蓄电池热管理系统结构,主要包括散热器、水箱、车外冷凝器、压缩机、热管理集成模块等。

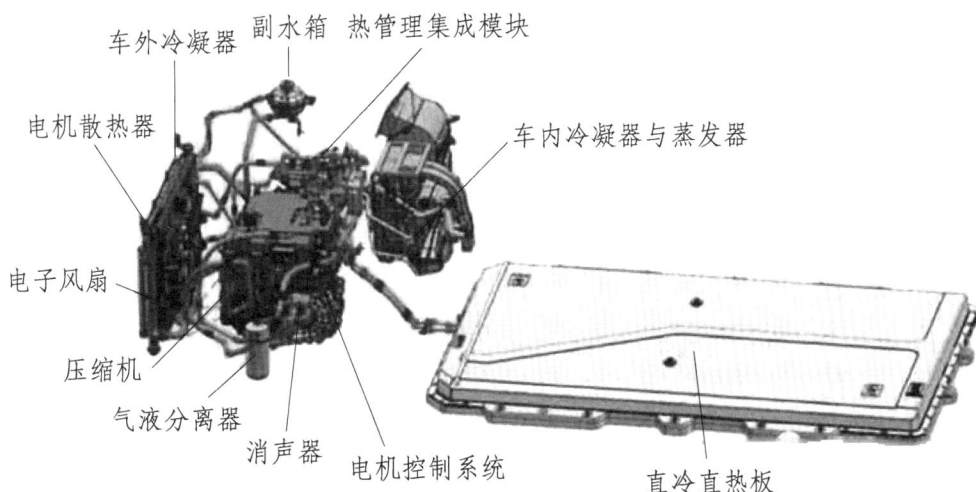

PTC 加热器

图 2-20　水冷式动力蓄电池热管理系统结构

当电池组温度过高时,利用空调系统运行先对电池组的冷却液进行降温,再冷却电池组;当电池组温度过低时,通过加热电池组内的冷却液来让电池组升温。需要注意的是,整个电池组的冷却液都是由电动水泵来让电池组内冷却液保持循环的。

1）冷却系统关键部件

（1）电动水泵如图 2-21 所示，冷却液循环的动力元件对冷却液加压，促使冷却液在冷却系统中循环，带走系统散发的热量。

（2）电子风扇如图 2-22 所示，作用是提高流经散热器、冷凝器的空气流速和流量，以增强散热器的散热能力，并冷却机舱其他附件。

图 2-21　电动水泵

图 2-22　电子风扇

2）蓄电池热管理系统在不同条件下的冷却和加热控制方法

（1）常规冷却控制。如图 2-23 所示，冷却液控制阀控制冷却液循环不经过空调系统，对动力蓄电池进行常规冷却。

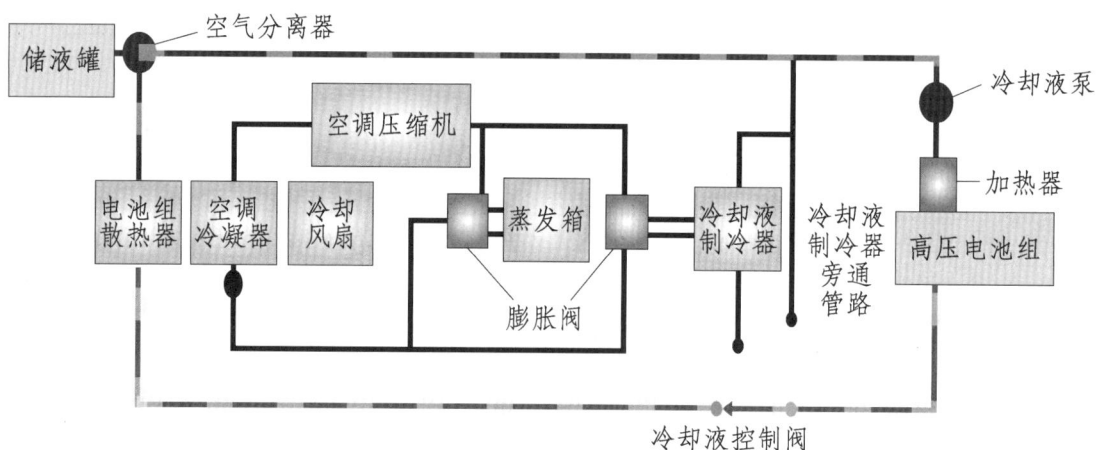

图 2-23　动力蓄电池常规冷却

（2）增强冷却控制。如图 2-24 所示，冷却液控制阀控制冷却液循环经过空调系统，冷却液通过冷却液制冷器对动力蓄电池进行增强冷却。

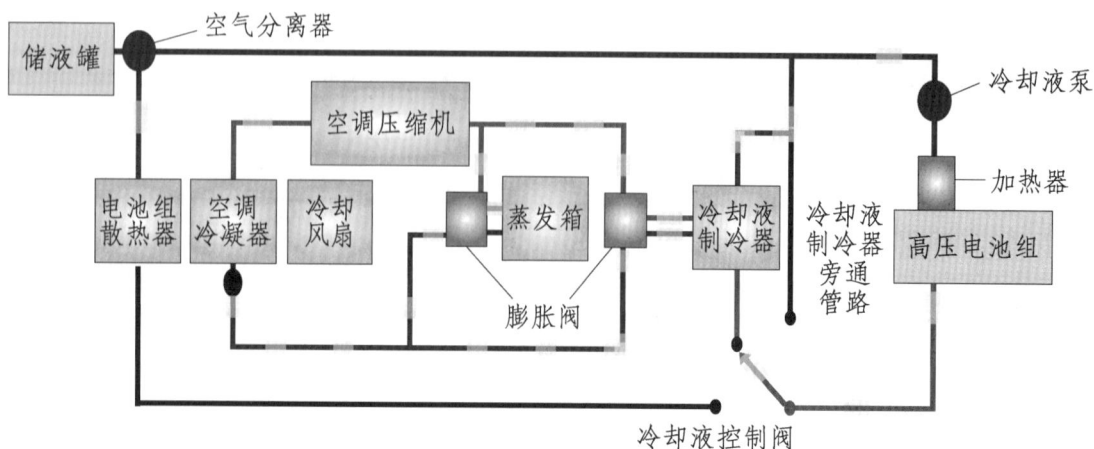

图 2-24　动力蓄电池增强冷却

（3）加热控制。如图 2-25 所示,冷却液控制阀控制冷却液循环经过加热器加热冷却液,对动力蓄电池进行加热。

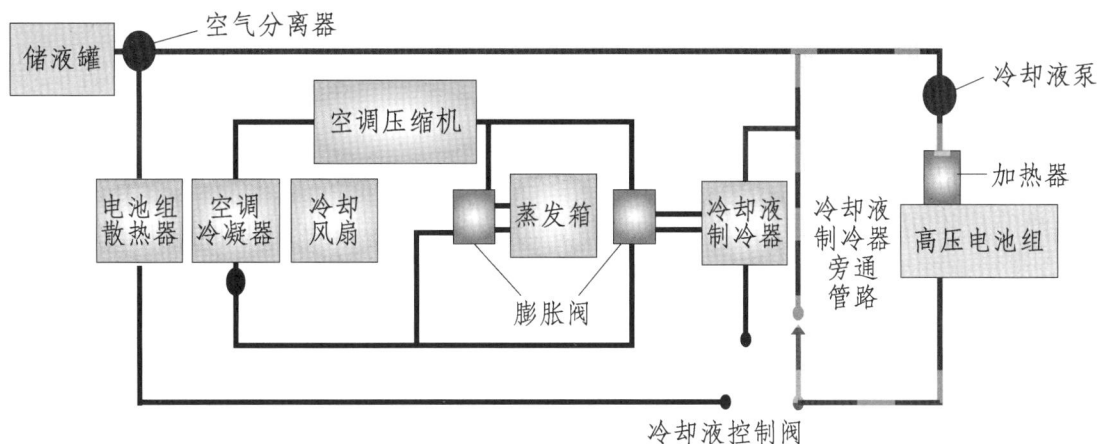

图 2-25 动力蓄电池加热

5 动力蓄电池的安全管理

安全保护作为整个电池管理系统最重要的功能,是基于前面四个功能而进行的。安全管理监控电池电压、电流、温度是否超过正常范围,防止电池组过充、过放。在对动力蓄电池组进行整组监控的同时,大部分车型的 BMS 已经发展到对单体蓄电池进行过充电、过放电、过热等安全状态管理。

1）过电流保护

由于电池都具备一定的内阻,当电池在工作时电流过大会造成电池内部发热,热量积累增加造成电池温度上升,从而导致电池的热稳定性下降。对于锂离子蓄电池来说,正负极材料的脱嵌锂离子能力是一定的,当充放电电流大于其脱嵌能力时,将导致电池的极化电压增加,导致电池的实际容量减小,进而影响电池使用寿命,严重时会影响电池的安全性。蓄电池管理系统会判断电流值是否超过安全范围,一旦超过则会采取相应的安全保护措施。如表 2-5 所示为在不同电流值状态下 BMS 做出的保护措施。

BMS 监测电流及保护措施   表 2-5

序号	名称	电池工作状态	警报	触发条件	车辆执行相应安全措施
1	动力蓄电池电流	电池放电电流	过流警报	$I \geqslant 360\text{A}$	（1）要求大功率用电设备(如电机、空调压缩机和 PTC)降低电流,限功率工作; （2）如果过流警报发出后,电流依然处在过流状态并持续 10s,断开主接触器,禁止放电
2		电池充电电流		$I \leqslant -100\text{A}$ （负号表示充电）	电流在过流状态持续 10s,断开充电接触器,禁止充电
3		能量回馈充电电流		$I \geqslant -100\text{A}$ （负号表示充电）	（1）要求电机控制器限制能量回馈充电电流; （2）如果发出过流报警后,电流依然处于过流状态并持续 10s,断开主接触器

2)过充过放保护

在充电过程中,充电电压超过电池截止充电电压时,将会引起正极晶格结构被破坏,导致电池容量变小。电压过高进而造成正负极短路发生爆炸的隐患。过充电是被严格禁止的。BMS 会检测系统中单体电池的电压,当电压超过充电限制电压时,BMS 会断开充电回路从而保护电池系统。

在放电过程中,放电电压低于电池放电截止电压时,电池负极上的金属集流体将被溶解,给电池造成不可逆的损害。给过度放电的电池充电,则会有内部短路或者漏液的可能。当电压超过放电限制电压时,BMS 会断开放电回路从而保护电池系统。表 2-6 所示为在不同的电压下 BMS 做出的相应保护措施。

不同的电压下 BMS 做出的相应保护措施 表 2-6

序号	名称	电池工作状态	警报	触发条件	车辆执行相应安全措施
1	动力蓄电池电压	放电状态	单节电池电压过低严重报警	$U \leq 2.5V$	(1)大功率设备(主电机、空调压缩机和 PTC)停止放电; (2)延迟 10s 切断主接触器,断开负极接触器; (3)仪表显示报警信息
2			单节电池电压过低一般报警	$2.5V < U < 2.75V$	(1)大功率设备(电机、空调压缩机和 PTC)降低当前电流,并限功率工作; (2)仪表显示报警信息; (3)电压为 2.5V 时,SOC 修正为 0
3		充电状态	单节电池电压过高一般报警	$3.8V \leq U < 3.9V$	(1)禁止动力蓄电池进行充电; (2)仪表显示报警信息; (3)电压为 3.75V 时,SOC 修正为 100; (4)电机能量回馈禁止
4			单节电池电压过高严重报警	$U \geq 3.9V$	(1)延迟 10s,断开充电接触器,断开负极接触器,禁止充电; (2)仪表显示报警信息

3)过温保护

过温保护需要结合上面的热管理功能进行。电池活性在不同温度下有所不同。长时间处在高温环境下,电池材料的结构稳定性会变差,并会缩短电池使用寿命。低温下电池活性受限会造成可用容量减小,尤其是充电容量将变得很低,同时可能产生安全隐患。蓄电池管理系统在电池温度超过高温限制值或低于低温限制值时,均会禁止进行充放电。表 2-7 所示为不同温度状态下 BMS 作出的保护措施。

不同温度状态下 BMS 做出的保护措施 表 2-7

序号	名称	电池工作状态	警报	触发条件	车辆执行相应安全措施
1	动力蓄电池温度	充放电状态	电池组过热严重报警	$T_{MAX} \geq 70℃$	(1)充电设备停止充电,直到清除报警; (2)大功率设备(驱动电机、空调压缩机和PTC)停止用电; (3)延迟10s切断主接触器、负极接触器; (4)仪表显示报警信息
2			电池组过热一般报警	$65℃ \leq T_{MAX} < 70℃$	(1)充电设备限功率,降低当前充电电流; (2)大功率设备(驱动电机、空调压缩机和PTC),限制功率,降低当前电流; (3)仪表显示报警信息
3			电池组低温一般报警	$-20℃ \leq T_{MIN} < 0℃$	(1)限功率充电; (2)仪表显示报警信息
4			电池组低温严重报警	$T_{MIN} < -20℃$	(1)限功率充电; (2)仪表显示报警信息

4)碰撞保护

当车辆发生碰撞时,蓄电池管理系统检测到碰撞信号大于一定阈值时,会切断高压系统主回路的电气连接,同时通知电机控制器激活主动泄放,从而使发生碰撞时的短路危险、人员电击危险降低到最低。

5)高压互锁

高压互锁一般指高压互锁回路,用低压信号监视高压回路完整性的一种安全设计方法,如图2-26所示为插接器高压互锁回路原理图。BMS通过对低压回路的状态监控,来检测高压部件、导线和插接器的电气回路的连通性,判断回路是否存在断开的现象,并及时断开高压输入端的控制器。

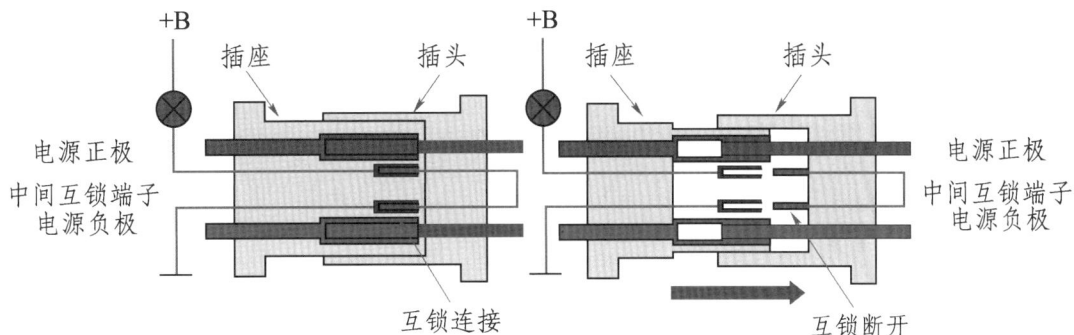

图 2-26 插接器高压互锁回路原理

以下为高压互锁回路控制策略：

（1）故障报警。无论电动汽车在何种状态，高压互锁系统在识别到危险时，车辆应该对危险情况做出报警提示，需要仪表或指示器以声或光报警的形式提醒驾驶人，让驾驶人注意车辆的异常情况以便及时处理，避免发生安全事故。

（2）切断高压源。当电动汽车在停止状态时，高压互锁系统在识别严重危险情况时，除了进行故障报警，还应通知系统控制器断开自动断路器，使高压源被彻底切断，避免可能发生的高压危险确保财产和人身安全。

（3）降功率运行。电动汽车在高速行车过程中，高压互锁系统在识别到危险情况时，不能马上切断高压源，应首先通过报警提示驾驶人，然后让控制系统降低电机的运行功率，使车辆速度降下来，以使整车高压系统在负荷较小的情况下运行，尽量降低发生高压危险的可能性，同时也允许驾驶人能够将车辆停到安全地方。

6）漏电保护

在电动汽车高压回路上安装有漏电传感器，主要监测与动力蓄电池输出相连接的负母线与车身底盘之间的绝缘电阻，来判定高压系统是否存在漏电。图 2-27 所示为某车型漏电传感器安装的位置。漏电传感器中有一个电阻，当出现漏电时，漏电传感器将漏电数据信息、通过 CAN 信号发送给 BMS，再与 BMS 储存的标准电压值进行对比，从而进行漏电判断。图 2-28 所示为漏电传感器的系统框图。

图 2-27　某车型漏电传感器安装的位置

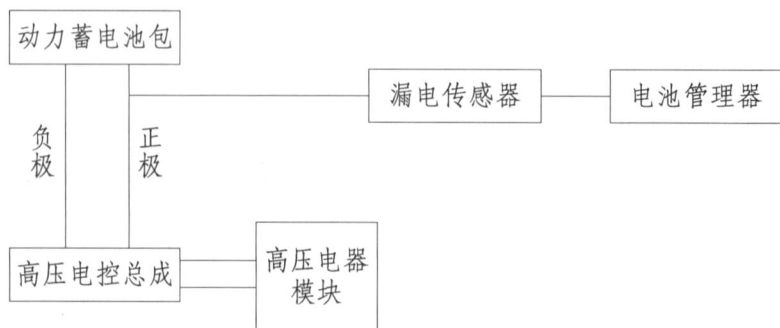

图 2-28　漏电传感器的系统框图

❻ 动力蓄电池的充放电管理

主要包括以电流、电压、温度、SOC 和 SOH 为输入进行充电过程控制,以 SOC、SOH 和温度等参数为条件进行放电功率控制两个部分。

1)充电控制管理

充电控制管理是指 BMS 在充电过程中对充电电压、充电电流等参数进行实时的优化控制,优化的目标包括充电时长、充电效率以及充电的饱满程度等。过充电不仅会引起动力蓄电池性能下降,有时甚至会引起发热或冒烟等。因此,需要监视各电芯电压,控制充电电流和再生电流不超越上限电压,杜绝过充电。

2)放电控制管理

放电控制管理是指在动力蓄电池的放电过程中,根据动力蓄电池的状态对放电电流大小进行控制。例如,在动力蓄电池 SOC 小于 10% 的情况下,如果适当限制动力蓄电池的最大放电电流大小,尽管会对汽车的最高速度产生影响,但有利于延长车辆的续驶里程。更为重要的是,这有利于延长动力蓄电池的寿命。

四 BMS 的工作模式

❶ 下电模式

下电模式是整个系统的低压与高压处于不工作状态的模式。在下电模式下,蓄电池管理系统控制的所有高压接触器均处于断开状态,低压控制电源处于不供电状态。

❷ 准备模式

在准备模式下,系统所有的接触器均处于未吸合状态。在该模式下,系统可接收外界的点火开关、整车控制器、电机控制器、充电插头开关等部件发出的硬线信号或受动力 CAN 线报文控制的低压信号来驱动控制各高压接触器,从而使 BMS 进入所需工作模式。

❸ 上电模式

BMS 监测到点火开关的高压上电信号后,首先闭合预充接触器,进入预充电状态;当预充接触器两端电压达到母线电压的 90%,且系统检测到无故障时,立即闭合主接触器,然后断开预充接触器,并进入上电模式,其工作原理如图 2-29 所示。

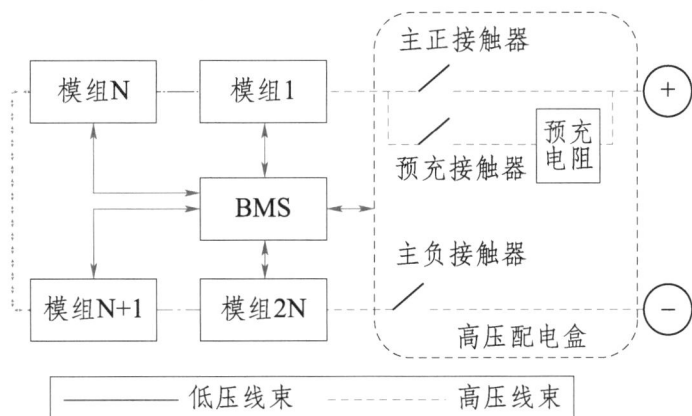

图 2-29　动力蓄电池上电模式工作原理

❹ 充电模式

BMS 检测到充电唤醒信号(Charge Wake Up)时,系统即进入充电模式。根据不同的充电模式(交流充电和直流充电),按需接通交流充电接触器或者直流充电接触器,同时 BMS 要保证低压控制电源持续供电。

无论在充电状态还是在放电状态,动力蓄电池的电压不均衡与温度不均衡将极大地妨碍动力蓄电池性能的发挥。在充电状态下,极易出现电压、温度不均衡的状态,充电过程中可通过电压比较及控制电路使得电压较低的电芯充电电流增大,而让电压较高的电芯充电电流减小,进而实现电压均衡的目的。温度的不均匀性会大大降低动力蓄电池组的使用寿命,因此,当电芯温度传感器监测出各电芯温度不均衡时,可选择强制风冷的方式,实现电芯组内气流的循环流动,以达到温度均衡的目标。

❺ 故障模式

故障模式是控制系统中常出现的一种状态。由于车用动力蓄电池的使用关系到用户的人身安全,因而系统对于各种相应模式总是采取"安全第一"的原则。BMS 对于故障的响应需根据故障等级而定:当故障级别较低时,系统可采取报错或者发出报警信号的方式告知驾驶人;而当故障级别较高,甚至伴随有危险时,系统将采取断开高压接触器的控制策略。低压蓄电池是整车控制系统的供电来源,无论是处于充电模式、放电模式还是故障模式,直流转换器接触器的闭合都可使低压蓄电池处于充电模式,从而保证低压控制系统工作正常。

任务实施

一 任务准备

本任务采用工学一体化教学模式,按照学生 30 人,每组 5 人,每组任命 1 名小组长,进行具体任务的分工和工量具的清点(表 2-8)。

任务准备清单   表 2-8

实训项目	实训器材	说明	数量
蓄电池管理系统原理及相关部件认知	比亚迪秦 EV 动力蓄电池	已经从车上拆下	2
	绝缘垫	通用	6
	绝缘手套	通用	6
	护目镜	通用	6
	安全帽	通用	6
	危险警示牌	通用	6

二 实施步骤

1. 首先完成作业前准备工作(表 2-9)。

作业前准备　　　　　　　　　　　表 2-9

作业前准备	①检查隔离栏、设置安全警示牌、灭火器
	②车辆防护
	③车辆预检
	④安全检查:绝缘手套、鞋　性能:_____　耐压等级:_____

2. 通过观察图 2-30 比亚迪秦 EV 动力蓄电池包,填写表 2-10。

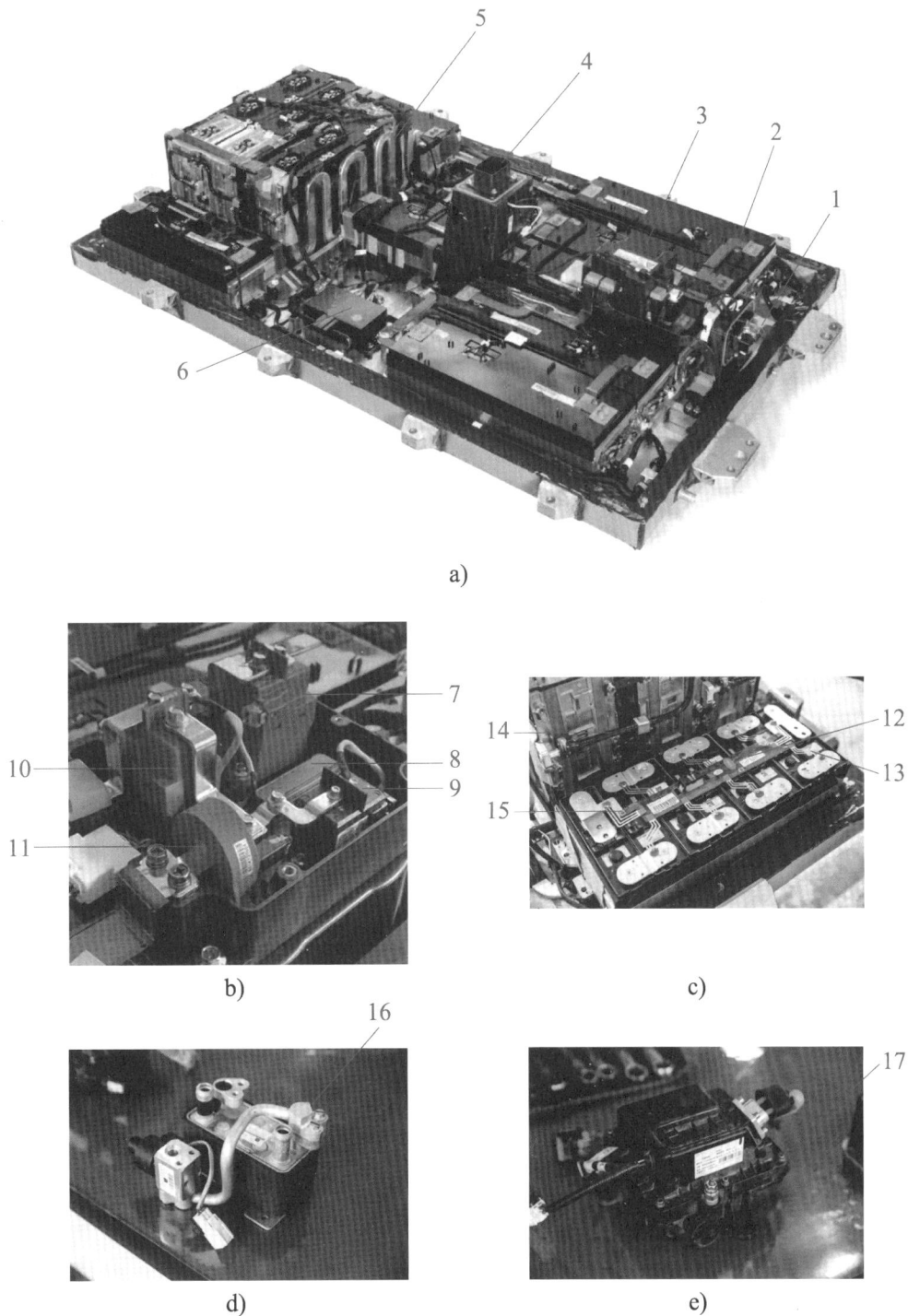

a)

b)

c)

d)

e)

图 2-30　比亚迪秦 EV 纯电动汽车动力蓄电池包

动力蓄电池各部分结构及功能

表 2-10

序号	名称	功能
1		
2		
3		
4		
5		
6		
7		
8		
9		
10		
11		
12		
13		
14		
15		
16		
17		

三 任务实施考核（表2-11）

活动评价表

表 2-11

班级：　　　　　　组别：　　　　　　姓名：

项目	评价内容	分数（分）	评价指标		
			自评	互评	教师评价
关键能力考核项目（30%）	遵守纪律、遵守学习场所管理规定,服从安排	5			
	安全意识、责任意识,5S 管理意识,注重节约、节能与环保	5			
	学习态度积极主动,能参加实习活动安排	7			
	团队合作意识,注重沟通,能自主学习及相互协作	8			
	仪容仪表符合活动要求	5			

项目	评价内容	分数（分）	评价指标		
			自评	互评	教师评价
专业能力考核项目（70%）	按时按要求完成实施任务	40			
	工具、设备选择得当，使用符合技术要求	10			
	操作规范，符合要求	5			
	学习准备充分、齐全	10			
	注重工作效率与工作质量	5			
总分		100			
小组评价		组长签名：			
教师评语		教师签名：			

知识拓展

困难重重，如何实现零碳生产？

当下动力蓄电池行业对外宣称的"零碳"，不少行业人士认为并不准确。原因在于动力蓄电池生产环节的碳排放基数大，降低能耗后数值依旧较高。

也有业内人士认为，当前在我国电力结构中，火电占比71%，不可能实现"零碳"。再加上动力蓄电池上游的各级供应商也要实现"零碳"，存在极大挑战。目前来看，现在零碳正极材料工厂、零碳电池工厂、零碳产业园等都是局部或在示范园区内实现"零碳"，因此，只是小范围内的零碳。要想真正实现零碳，依赖于我国电力结构中绿电占比的提升。

而使用绿电，成为企业实现零碳的重要途径。宁德时代之所以能在四川宜宾工厂实现"零碳"目标，主要取决于宜宾市特殊的地理位置和资源禀赋。资料显示，宜宾地处云贵川三省接合部，金沙江、岷江、长江横贯市境北部，自然环境优越，水资源丰富，得天独厚的地理位置使宜宾工厂80%以上电力来自可再生水电，每年可减少40万吨碳排放。

2022年4月8日，远景动力鄂尔多斯零碳电池工厂首期项目正式投产。该基地坐落于全球首个零碳产业园——远景鄂尔多斯零碳产业园内，规划产能10GW·h，主打磷酸铁锂电池。该产业园通过风光储氢技术协同，实现100%绿电供应，直供入驻园区内的电池上游合作伙伴，降低正负极及电解液等高耗能环节碳排放，实现整个电池产业链的低碳甚至是零碳排放。

短期来看，相关电池企业零碳转型的重点是实现自身运营碳中和，主要通过绿电的购买和使用来达成目标。但从中长期来看，相关电池企业零碳转型的重点将向整个产业链和价值链体系转移。而要实现全价值链的碳中和，就需要产业链上下游共同配合与协作，通过智能的生产设备、可持续的工艺流程、更低碳排放的原材料等，来实现电池的零碳生产。

此外,完善电池回收利用体系,对废旧电池进行材料回收和梯次利用,也是助力动力蓄电池企业减碳脱碳的重要举措。宁德时代宣称,四川时代在制造过程中产生的废料将全部投入回收利用,镍、钴、锰等回收率可达99.3%。而且宁德时代近年来也在电池回收利用领域有大手笔布局。此外包括比亚迪、国轩高科、亿纬锂能等,也在电池回收方面有所涉足。

其他方面,四川时代通过自研的CFMS智慧厂房管理系统,对厂房系统及设备运行数据的自动获取,实现数据互联互通,系统化厂务设施管理平台帮助实现厂房系统安全可靠、高效节能、绿色低碳运行。对物流链条及厂区交通全面升级,广泛使用无人驾驶物流车及电动叉车等,实现供应商工厂、原料仓库、加工工厂、成品仓库、客户工厂之间零碳运转。

而早在2021年,远景科技集团首次应用了"方舟碳管理系统"。基于该系统,每块在远景动力零碳产业园内生产的电池,都将获得"零碳绿码"。这些拥有"零碳绿码"的电池,通过对产品全生命周期碳足迹涉及的生产原料和能源使用进行实时监测与录入,全方位展示了产品全生命周期每个环节的信息追踪。

业内人士表示,动力蓄电池产业链非常长,即使电池工厂实现"零碳"生产,还要保证其上游各家供应链也是"零碳"生产。换言之,动力蓄电池企业不但要"自扫门前雪",还要清除"他人瓦上霜"。而在远景动力给出的零碳实现路径中:一方面是自身的减排,另一方面是帮助供应链减排。这不仅需要时间积累,而且需要行业协同才能达到最佳效果。

虽然在实现动力蓄电池"零碳"的道路上困难重重,但是好在有成熟样板可以借鉴。宁德时代宜宾工厂成为全球首家电池零碳工厂,为市场带来了实现零碳的全新解决方案;远景动力首创的零碳产业园,还将在欧洲、中东及东南亚等地区复制推广,不仅能满足欧洲严苛的碳排放要求,还能够通过零碳技术为上下游合作伙伴及相关城市减碳赋能。

巩固练习

一、选择题

1. 蓄电池管理系统(BMS)的主要功能不包括以下哪一项?(   )
   A. 电池状态监测
   B. 车辆加速控制
   C. 电池均衡管理
   D. 充放电控制

2. 以下哪种传感器不是BMS用于监测电池状态的传感器?(   )
   A. 电压传感器
   B. 速度传感器
   C. 温度传感器
   D. 电流传感器

3. BMS中的蓄电池均衡管理主要是为了(   )。
   A. 让电池组内的电池单体性能保持一致
   B. 提高电池的充电速度
   C. 降低电池的放电电压
   D. 改变电池的化学组成

4. 在动力蓄电池充电过程中,BMS主要通过(   )来防止电池过充。
   A. 切断充电电源
   B. 调节充电电流
   C. 改变电池内阻
   D. 降低电池温度

5.下列关于 BMS 通信功能的说法,正确的是(　　　)。

    A.仅能与车辆的发动机控制系统通信

    B.可以将动力蓄电池状态信息发送给车辆的其他系统

    C.通信功能主要用于软件更新,与电池工作无关

    D.不能接收外部指令

二、填空题

1.BMS 通过＿＿＿＿＿＿＿＿来实时获取每个电池单体的电压信息。

2.蓄电池均衡管理的方式主要有主动均衡和＿＿＿＿＿＿＿＿。

3.BMS 监测电池温度的主要目的是防止电池＿＿＿＿＿＿＿＿和保证电池性能。

4.BMS 在动力蓄电池放电过程中会监测电池的＿＿＿＿＿＿＿＿,以防止过放。

三、简答题

1.简述蓄电池管理系统(BMS)中蓄电池状态监测功能的重要性及主要监测的参数。

2.请说明主动均衡和被动均衡两种蓄电池均衡管理方式的原理和区别。

项目三
动力蓄电池系统检测

📋 **项目描述**

　　随着新能源汽车市场的快速发展,动力蓄电池系统作为其核心部件,其安全性、性能与可靠性至关重要。为确保动力蓄电池系统满足高质量标准,特制定本项目学习内容。本项目主要介绍动力蓄电池的装调与评估以及故障诊断,包含动力蓄电池评估与装调和动力蓄电池系统故障诊断2个任务。

　　通过以上2个任务的学习,理解并掌握动力蓄电池的装调与评估以及故障诊断。

任务一　动力蓄电池评估与装调

📖 **任务描述**

　　客户来到某4S店,自己的某品牌新能源汽车出现故障,经维修技师检查是动力蓄电池包出现故障,需要进行拆解维修,动力蓄电池拆解后发现某一模组电池鼓包严重,其他单体电池情况需要进一步评估其性能,并视情况进行更换。

🎯 **学习目标**

知识目标

1. 熟悉动力蓄电池评估与装调的内容;

2. 掌握动力蓄电池装调与更换的方法。

技能目标

能够进行动力蓄电池单体检测、评估与组装。

素质目标

1. 培养学生树立安全至上的职业理念,严格遵守高压操作规范,提升风险预判与应急处理能力;

2. 提升学生在技术实践中发现问题、分析数据并制定解决方案的综合能力;

3. 培养学生精益求精的质量意识,注重维护细节,确保每项操作符合行业标准与技术要求。

📖 **学习内容**

一 动力蓄电池评估项目

1 外观评估

1）整体外观

（1）首先查看动力蓄电池外壳是否有明显的变形、凹陷或凸起。例如，若动力蓄电池外壳受到撞击，可能会出现变形，这会影响动力蓄电池内部结构的稳定性，甚至导致动力蓄电池短路等安全隐患。

（2）检查动力蓄电池表面的涂层是否完整。完整的涂层能够对动力蓄电池外壳起到防护作用，防止外壳被腐蚀。如果涂层剥落，动力蓄电池外壳金属部分暴露在空气中，容易发生氧化和腐蚀。

2）密封情况

仔细检查密封盖是否严密。良好的密封能够防止灰尘、水分等杂质进入动力蓄电池内部。像在潮湿环境下，如果密封不好，水分进入动力蓄电池可能会引发动力蓄电池内部短路或者化学反应异常。查看密封材料是否有老化、破损的迹象，例如密封胶条出现裂缝，就无法保证良好的密封效果。

（1）压力衰减法。

这是比较常用的方法。首先将汽车的测试部分（如电池包、驾驶舱等）密封好，通过专门的设备向其内部充入一定压力的气体，一般是干燥的压缩空气。之后，关闭充气阀门，使内部气体保持稳定状态，记录初始压力。经过一段时间（根据具体测试要求和标准而定），观察压力的变化情况。如果压力下降幅度超过规定范围，就可能存在泄漏点。例如，如果动力蓄电池包压力在测试开始时是100kPa，一段时间后下降到90kPa，而合格标准是压力下降不超过5kPa，那就说明动力蓄电池包气密性可能有问题，图3-1所示为动力蓄电池包气密性检测仪。

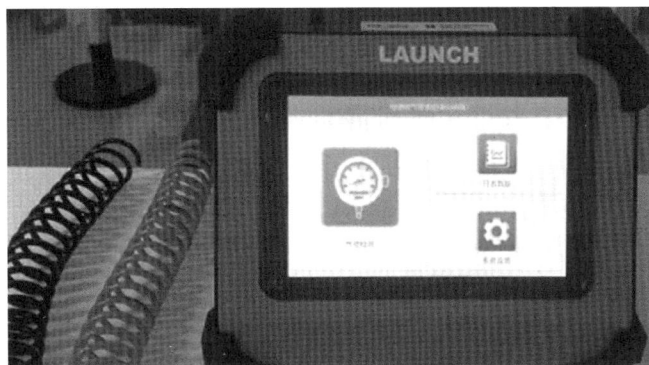

图3-1　动力蓄电池包气密性检测仪

（2）流量测试法。

向测试区域输送稳定流量的气体，同时监测从测试区域流出的气体流量。如果流出的流量大于规定值，就表示存在泄漏。比如，以一定的流速（如10L/min）向汽车某密闭空间充气,在空间另一端检测流出气体,正常情况下流出气体流量几乎为零,若检测到流量达到 1L/min,就可能存在泄漏情况。

(3)氦气检漏法。

把氦气充入测试区域,由于氦气分子小、质量轻,容易从泄漏处逸出。在测试区域外,使用氦气检漏仪检测氦气的泄漏情况。这种方法精度较高。例如,在汽车的空调系统中注入氦气,用氦气检漏仪对空调系统的各个部件和连接部位进行扫描检测,如果检漏仪发出警报,就代表此处可能存在泄漏。

(4)浸水实验。

将动力蓄电池包完全浸入水箱,确保顶部最低点低于水面≥0.1m;浸泡过程中保持水温为25℃±5℃,时长2h。取出动力蓄电池包后静置30min,排空外部积水;擦干表面水分,检查密封性(内部无渗水痕迹)。检查绝缘电阻:总正/总负对壳体绝缘电阻≥100Ω/V(示例:600V系统需≥60kΩ)。充放电功能正常,无电压异常波动(以0.5C电流充放电10min验证)。结构完整,动力蓄电池包内部无可见水渍,泄压阀、接插件等部位无渗水,电解液无泄漏,壳体无变形或开裂。

3)连接部位

(1)观察接线盒盖和接插件。接插件应连接紧密,没有松动或脱落的现象。如果接插件松动,可能会导致接触不良,使动力蓄电池在工作过程中出现瞬间断电或者充电不完全等问题。

(2)检查连接部位的金属部分是否有腐蚀、氧化的情况。金属氧化会增加接触电阻,导致发热,影响动力蓄电池的性能和使用寿命。

4)标识部分

(1)确认动力蓄电池的正负极标识是否清晰、准确。清晰的标识有助于在安装、维修等操作中正确连接电路,避免因正负极接反而损坏动力蓄电池。

(2)查看铭牌信息是否完整,包括动力蓄电池型号、容量、额定电压等重要参数。这些信息对于评估动力蓄电池性能和适配性是必不可少的。

❷ 单体电池检测

1)电压检测

(1)静态电压检测:使用高精度万用表或专业的动力蓄电池检测设备,在动力蓄电池静置状态下测量单体电池的开路电压。开路电压可以反映动力蓄电池的剩余电量。例如,对于常见的锂离子蓄电池,不同的开路电压范围大致对应不同的剩余电量状态。如果开路电压明显低于正常范围,可能表示动力蓄电池自放电过度或者存在内部短路的情况。

(2)动态电压检测:在动力蓄电池充放电过程中监测电压变化。充电时,观察电压上升的速率和最终达到的充电截止电压;放电时,看电压下降的趋势。正常情况下,电压应该平稳变化。如果电压出现骤升或骤降,可能意味着动力蓄电池内部存在极化现象、活性物质脱落或者其他故障。

2)内阻检测

(1)交流内阻检测:通过向动力蓄电池注入一个交流信号,测量电池两端的交流电压和电流,从而计算出电池的交流内阻。交流内阻能够反映电池内部的导电性能和电极与电解液之间的接触情况。较低的交流内阻通常表示电池内部导电良好,而内阻过高可能是由于电极表面钝化、电解液干涸或者动力蓄电池内部结构损坏引起的。

(2)直流内阻检测:利用脉冲放电法等方法测量直流内阻。在短时间内对电池进行脉冲放电,测量放电前后的电压变化和放电电流,计算出直流内阻。直流内阻的大小对于动力蓄电池在大电流充放电时的性能表现有重要影响,比如在电动汽车加速过程中,需要动力蓄电池大电流放电,此时直流内阻过大就会导致电池端电压下降过快,影响车辆性能,图3-2为动力蓄电池内阻测试仪。

3)容量检测

(1)标准充放电容量检测:按照动力蓄电池制造商规定的标准充放电倍率,如0.2C、0.5C,对单体电池进行完整的充放电循环。在放电过程中,记录动力蓄电池放出的电量,以此来确定动力蓄电池的实际容量。实际容量与额定容量相比,如果差异超过一定范围(通常为额定容量的20%以上),可能表示电池的活性物质利用率下降或者动力蓄电池老化严重,图3-3为动力蓄电池包充放电维护仪。

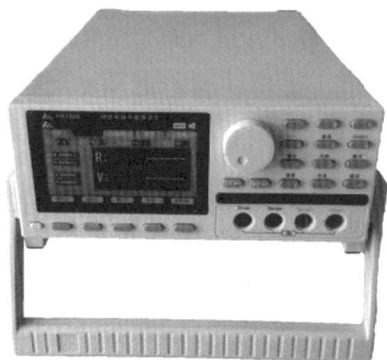

图3-2　动力蓄电池内阻测试仪　　图3-3　动力蓄电池包充放电维护仪

(2)快速充放电容量检测:模拟实际应用场景中的快速充放电情况,采用较高的充放电倍率(如1C、2C)对动力蓄电池进行充放电。这可以检测电池在快速充放电条件下的容量保持情况,因为在一些高性能要求的应用场景(如电动赛车)中,动力蓄电池需要具备良好的快速充放电性能。

4)自放电检测

将单体电池充满电后静置一段时间,如24h或48h,然后再次测量动力蓄电池的电压。通过比较静置前后的电压变化来计算电池的自放电率。自放电率过高可能是由于动力蓄电池内部微短路、电解液杂质过多等原因引起的,会导致动力蓄电池在存储过程中电量无故损失。

❸ 蓄电池管理系统评估

检查蓄电池管理系统的外部低压连接接口是否正常,包括引脚定义、信号类型等是否符合要求。对蓄电池管理系统的各项功能进行检测,如数据采集、状态监测、故障诊断、均衡控制等是否正常运行,需要使用的设备为故障诊断仪,如图3-4所示。

图 3-4 新能源汽车故障诊断仪

1）功能评估

（1）数据采集准确性：检测 BMS 采集的动力蓄电池电压、电流、温度等数据是否精准。例如，通过高精度测量仪器与 BMS 的测量值进行对比，如果电压测量误差超过规定范围（如 ±5mV），则数据采集准确性可能存在问题。

（2）状态估算能力：查看 BMS 对电池 SOC 和 SOH 估算是否准确。比如，在已知动力蓄电池实际剩余电量的情况下，对比 BMS 估算的 SOC 值，偏差过大（如 SOC 估算偏差超过 10%）说明状态估算能力不佳。

（3）均衡功能：评估动力蓄电池组内单体电池间的均衡情况。当单体电池电压差超过一定值（如 50mV）时，BMS 应能启动均衡功能，使各单体电池电压趋于一致。

2）安全性评估

（1）过充过放保护：检查 BMS 是否能有效防止电池过充和过放。例如，在充电时，当动力蓄电池电压接近或达到充电截止电压，BMS 应及时切断充电电路；在放电过程中，当电池电压接近放电截止电压时，也要能停止放电，避免动力蓄电池损坏甚至引发安全事故。

（2）温度保护：监控 BMS 对动力蓄电池温度的保护机制。如果动力蓄电池温度过高（如超过 50℃）或过低（如低于 -20℃），BMS 应能采取措施，如调整充电或放电电流，或者启动冷却系统或加热系统，防止动力蓄电池性能下降或出现热失控等危险情况。

（3）热失控触发测试：通过针刺或加热方式触发单体热失控，验证系统扩散能力。验证蓄电池系统在单个电池单体发生热失控时，能否通过设计手段（如隔热、散热、泄压等）阻止热扩散，确保系统在触发后 30min 内不起火、不爆炸，为乘员提供安全逃生时间。

3）可靠性评估

（1）硬件可靠性：查看 BMS 硬件电路的稳定性和抗干扰能力。例如，在电磁干扰环境下，检测 BMS 是否能正常工作，硬件是否容易出现故障，如电路板上的电容、电阻等元件是否能长时间稳定运行。

（2）软件可靠性：评估 BMS 软件是否存在漏洞或错误。通过长时间运行测试和各种工况模拟，观察软件是否会出现死机、数据丢失或错误指令等情况。

❹ 电气安全性能评估

使用绝缘电阻表等工具,检测动力蓄电池组及相关部件的绝缘电阻,确保绝缘性能良好,防止漏电、短路等安全事故。图 3-5 为绝缘电阻测试仪负责检测相关部件绝缘电阻。

单体电池内阻检查

预充电阻、
继电器的检测

图 3-5　绝缘电阻表

二　动力蓄电池装调

以下以动力蓄电池装调工作平台的使用为例。

❶ 动力蓄电池装调平台的组成

动力蓄电池总成装调平台由电池模块、电池管理器、接触器、预充电阻、车载充电机、交直流充电插座及相关辅件等组件,如 3-6 所示。

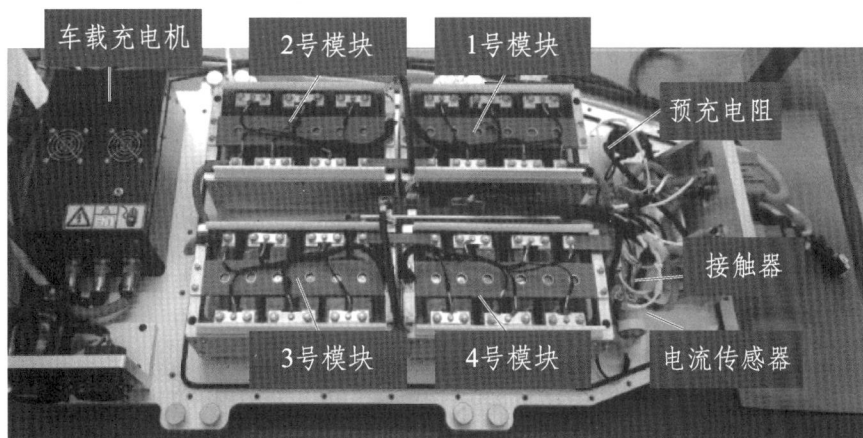

图 3-6　动力蓄电池装调平台

1)蓄电池管理器及控制线束

蓄电池管理器放置在四个电池模块中间,用来监测动力蓄电池的运行工作状态包括电流、电压、温度等,以保持动力蓄电池的良性工作循环,如图 3-7 所示。

蓄电池管理器

蓄电池管理器
控制线束

图 3-7　动力蓄电池管理器及线束

2）动力蓄电池充电系统

动力蓄电池装调工作平台包括车载充电机、直流充电口、交流充电口等，如图 3-8 所示。

车载充电机

直流充电口

交流充电口

图 3-8　动力蓄电池充电系统

车载充电机是指固定安装在电动汽车上的充电机，具有为电动汽车动力蓄电池，安全、自动充满电的能力。充电机依据电池管理系统提供的数据，能动态调节充电电流或电压参数，执行相应的动作，完成充电过程。

3）主要附件

主要附件包括接触器、电流传感器、预充电阻及相关附件等，如图 3-9 所示。

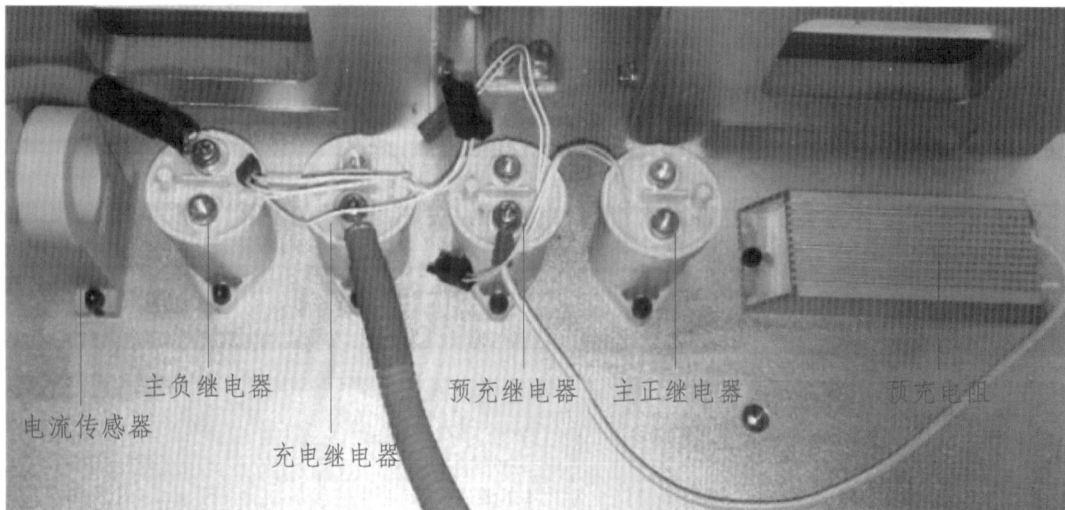

电流传感器

主负继电器

充电继电器

预充继电器

主正继电器

预充电阻

图 3-9　主要附件

接触器分为交流接触器(电压 AC)和直流接触器(电压 DC),它应用于电力、配电与用电场合。接触器广义上是指工业电中利用线圈流过电流产生磁场,使触头闭合,以达到控制负载的电器。交流接触器利用主接点来控制电路,用辅助接点来导通控制回路。

电流传感器也称磁传感器,是一种检测装置,能感受到被测电流的信息,并能将检测感受到的信息,按一定规律变换成为符合一定标准需要的电信号或其他所需形式的信息输出,以满足信息的传输、处理、存储、显示、记录和控制等要求。

预充电阻在电子器件或电池、变频器等特定的方面经常用到,对于不同的器件,工作方式不完全相同,但目的有一个,就是避免充电电源在充电初期的大电流对器件造成可能的损伤或破坏的部件。

4)动力蓄电池线束插接器

动力蓄电池工作平台线束插接器包括维修开关、直流充电插头、低压连接插头,如图 3-10 所示。

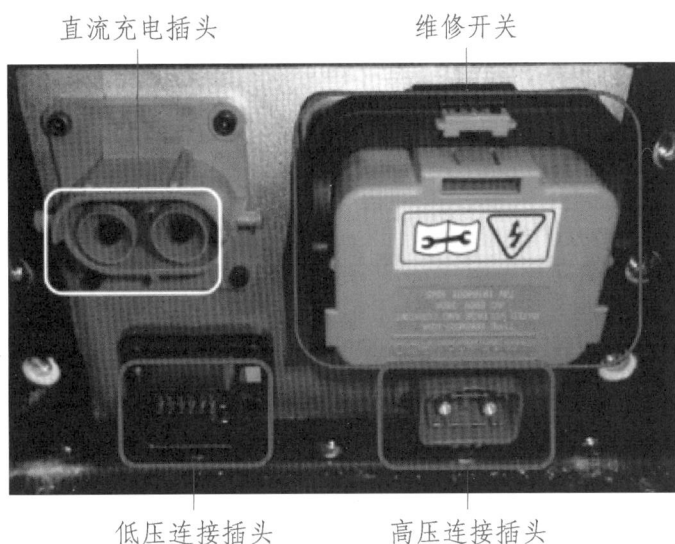

图 3-10 动力蓄电池线束插接器

❷ **动力蓄电池总成装调平台的使用注意事项**

(1)使用前应检查平台上有无异物,平台脚轮要在锁止位置,以确保安全。

(2)检查元器件线路时,要求使用数字式万用表,增加精确度。

(3)测量平台有关参数时,禁止短路台架上的接线端子,防止发生短路事故。

(4)在进行动力蓄电池装调作业时,必须穿戴绝缘手套再进行动力蓄电池装调,防止造成高压电击事故;安装与拆卸前必须保证绝缘良好,防止触电。

(5)动力蓄电池总成工作平台具有高压互锁功能,在连接高压部件时需确认连接是否牢靠。

(6)蓄电池管理器 BMS 采集线 A 口和采集线 B 口插头不能插反,以防损坏蓄电池管理器。

(7)蓄电池模块采样线不能接反、错接。

(8)绝缘监测仪正负极接线端子压接总正继电器与总负继电器时严禁接反。

（9）总正连接片与总负连接线压接充电继电器与总负继电器时，不能接反或接到其他继电器端。

（10）总正连接片与总负连接线严禁在维修开关闭合后同时搭铁。

（11）单体电池连接片紧固力矩4.5N·m，避免过大损坏电池接线柱，单体电池黑色绝缘罩为正极，白色绝缘罩为负极。

（12）电流传感器安装时应注意方向。

（13）安装后的动力蓄电池工作平台应能进行上电或充电测试，如若无法上电或充电，应及时检修。

任务实施

一 任务准备

本任务采用工学一体化教学模式，按照学生30人，每组5人，每组任命1名小组长，进行具体任务的分工和工量具的清点（表3-1）。

任务准备清单   表3-1

实训项目	实训器材	说明	数量
动力蓄电池评估与装调	动力蓄电池装调平台		2
	绝缘垫	通用	6
	绝缘手套	通用	6
	护目镜	通用	6
	安全帽	通用	6
	危险警示牌	通用	6
	动力蓄电池内阻测试仪		2
	绝缘电阻表		2
	动力蓄电池充放电维护仪		2
	动力蓄电池包气密性检测仪		

二 实施步骤

1. 首先完成作业前准备工作（表3-2）。

作业前准备   表3-2

作业前准备	①检查隔离栏、设置安全警示牌、灭火器
	②安全检查：绝缘手套、鞋　性能：_____　耐压等级：_____

2.电池单体内阻检查(表3-3)。

电池单体内阻测量结果表 表3-3

1号电池		2号电池		3号电池	
4号电池		5号电池		6号电池	
7号电池		8号电池			

3.预充电阻测量(表3-4)。

预充电阻测量结果表 表3-4

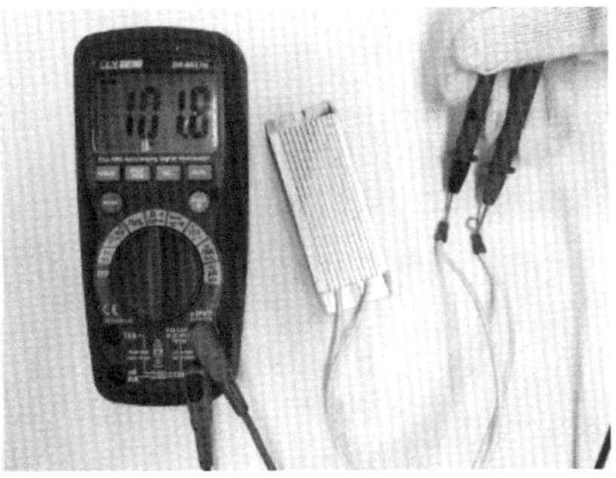

预充电阻值为:＿＿＿＿＿＿＿＿＿＿＿

4.温度传感器检测(表3-5)。

温度传感器检测结果表 表3-5

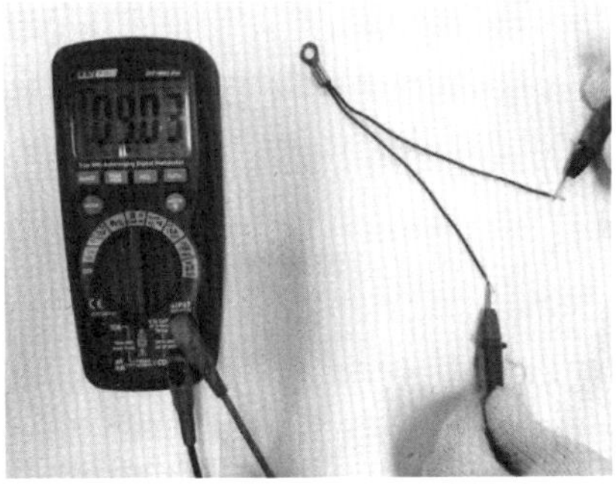

温度传感器阻值:＿＿＿＿＿＿＿＿＿＿＿

5.继电器检测(表3-6)。

继电器检测结果表 表3-6

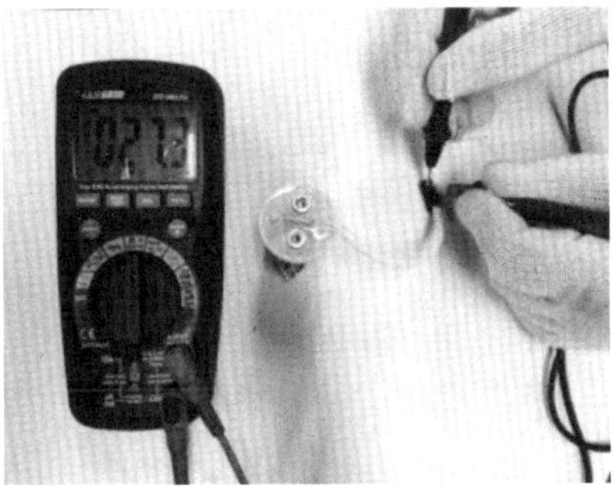

主正继电器线圈测量:＿＿＿＿＿＿＿＿＿

主负继电器线圈测量:＿＿＿＿＿＿＿＿＿

预充继电器线圈测量:＿＿＿＿＿＿＿＿＿

充电继电器线圈测量:＿＿＿＿＿＿＿＿＿

续上表

主正继电器是否正常：_____

主负继电器是否正常：_____

预充继电器是否正常：_____

充电继电器是否正常：_____

6. 动力蓄电池总成装调平台的安装（表3-7）。

动力蓄电池总成安装步骤　　　　　　表3-7

底板外观检查：

检查动力蓄电池底板有无裂痕、变形，外观有无损伤，各螺纹孔是否损坏，清洁动力蓄电池底板

车载充电机和充电口的安装：

将车载充电机和充电口安装在平台最左侧

蓄电池模块的安装和电池管理器的安装：

①将装配成组的电池模块盒电池管理器安装于平台合适位置上，并按照规定力矩10N·m，紧固电池模块螺栓，按照规定力矩5N·m紧固电池管理器紧固螺栓；

②用电池连接片将各模块连接在一起,并按照规定力矩5N·m紧固螺栓,最后,安装动力蓄电池总正、总负连接片,紧固力矩5N·m

绝缘监测仪的安装:
将绝缘监测仪安装在蓄电池底板上,并用螺栓固定

预充电阻的安装:
将检测合格的预充电阻安装在电池底板上,并用螺栓固定

继电器安装:
将检测合格的主正继电器、预充继电器、充电继电器、主负继电器安装在电池底板上

	电流传感器检测： 　将电流传感器安装于电池底板上，并用螺栓固定，紧固力矩5N·m，安装时注意电流传感器的方向
	高压动力插座安装： 　将维修开关插座、直流充电插座、交流放电插座等安装在底板上，紧固力矩5N·m
	高压线束安装： 　直流充电线束、维修开关等高压线束安装
	动力蓄电池采样线安装： 　将动力蓄电池采样线连接与蓄电池低压插接器座上，注意B口标识，不能插反
	外部低压线束连接： 　将高压互锁线束、预充电阻线束、绝缘监测线束、电流传感器线束、BMS等线束连接

	上电测试: 打开控制盒上的电源开关,电源指示灯亮,主正继电器与主负继电器吸合,可给负载供电
	交流充电测试: 动力蓄电池总成慢充充电时,控制盒上电源指示灯与慢充指示灯亮,主正继电器与主负继电器吸合,车载充电机电源灯亮
	直流充电测试: 动力蓄电池总成快充充电时,控制盒上电源指示灯与快充指示灯亮,充电继电器与主负继电器吸合
	管路连接: ①黑色管路一端连接设备口,另一端连接外接气源; ②橙色气管一段连接设备输出口,另一端连接电池包气密检测接口
	设置参数: ①点击气密检测; ②进行参数设置,参数设置可根据维修手册按实际输入即可
	测试: ①点击启动进行测试; ②测试完成后泄漏量小于允许泄露值,即为合格

三 任务实施考核(表3-8)

活动评价表　　　　　　　　　　　　　　　　　　表3-8

班级：　　　　　　　　　　组别：　　　　　　　　　　姓名：

项目	评价内容	分数(分)	评价指标		
			自评	互评	教师评价
关键能力考核项目(30%)	遵守纪律、遵守学习场所管理规定,服从安排	5			
	安全意识、责任意识,5S管理意识,注重节约、节能与环保	5			
	学习态度积极主动,能参加实习活动安排	7			
	团队合作意识,注重沟通,能自主学习及相互协作	8			
	仪容仪表符合活动要求	5			
专业能力考核项目(70%)	按时按要求完成实施任务	40			
	工具、设备选择得当,使用符合技术要求	10			
	操作规范,符合要求	5			
	学习准备充分,齐全	10			
	注重工作效率与工作质量	5			
总分		100			
小组评价			组长签名:		
教师评语			教师签名:		

知识拓展

从手工到智能制造,动力蓄电池生产实现"华丽转身"

近年来,新能源汽车市场呈现爆发式增长态势。数据显示,2024年9月,全球新能源汽车注册量达170万辆,同比增长33%,销量再创新高。新能源汽车占全球车市场份额的26%,环比增加4个百分点。其中纯电动汽车销量超100万辆,同比增长12%,销量占新能源汽车总销量的63%。插电式混合动力电动汽车销量超60万辆,同比增长57%。

随着新能源汽车产业的迅猛发展,动力蓄电池作为核心部件——新能源汽车的动力源,其性能和质量直接关系到新能源汽车的安全性、续航里程等关键指标。传统的手工生产方式已经难以满足大规模生产的需求,动力蓄电池模组及PACK自动化智能生产成为必然趋势。

在动力蓄电池生产领域,自动化智能生产技术不断创新,如机器人应用、自动化装配、智能检测等。动力蓄电池模组及PACK自动化智能生产的应用,不仅提高了生产效率,还提升了产品的一致性和可靠性。

动力蓄电池的质量和安全性直接关系到新能源汽车的使用安全。动力蓄电池模组及PACK自动化智能生产可以减少人为因素的影响,提高生产过程的可控性,从而提升产品的质量稳定性和安全性。动力蓄电池模组及PACK自动化智能生产的技术要求,确保产品符合质量安全标准,为消费者提供可靠的产品保障。

动力蓄电池模组及PACK自动化智能生产技术产的总体要求体现在三个方面:

一是高效生产与资源优化。实现生产流程的高度自动化,确保生产效率最大化,并能够灵活应对市场需求变化,快速切换不同型号和规格的产品。

二是精准质量控制。建立全面的质量管理体系,集成在线检测和反馈机制,确保产品在生产过程中的一致性和可靠性,严格控制不良品率,符合行业标准。

三是智能化数据管理与决策支持。构建数据驱动的生产管理系统,实时采集和分析生产数据,以支持生产过程的优化和决策,推动生产效率和质量的持续提升。

动力蓄电池模组及PACK线的自动化智能系统通常包含机器人手臂、自动装配机、焊接设备、涂胶设备、测试设备等,智能物流系统、柔性生产控制系统、制造执行系统(MES)、质量检测系统、人机界面(HMI)、安全监控系统。

动力蓄电池模组及PACK自动化智能生产技术,有利于提高生产效率,降低生产成本,提升产品质量,满足不断增长的市场需求,提高动力蓄电池的生产效率和质量稳定性,推动行业的技术进步。

巩固练习

一、选择题

1.在动力蓄电池装调过程中,连接电池单体或模组的线缆需要具备(　　)特性。

A.高导电性和良好的绝缘性　　　　B.耐高温和高柔韧性

C.高硬度和耐腐蚀性　　　　　　　D.低密度和低成本

2.动力蓄电池组的均衡性评估主要是指对(　　)的均衡性进行判断。

A.电池单体电压　　　　　　　　　B.电池单体容量

C.电池单体内阻　　　　　　　　　D.以上都是

3.以下哪种工具不常用于动力蓄电池的装调工作?(　　)

A.扭力扳手　　　　　　　　　　　B.绝缘电阻测试仪

C.示波器　　　　　　　　　　　　D.电钻

4.动力蓄电池的SOC(荷电状态)评估精度受到(　　)因素影响较大。

A.动力蓄电池温度　　　　　　　　B.充放电电流

C.动力蓄电池老化程度　　　　　　D.以上都是

二、填空题

1.动力蓄电池的装调过程中,安装完成后需要对电池组进行＿＿＿＿＿＿测试,确保其绝缘性能符合要求。

2.常用的动力蓄电池容量单位是＿＿＿＿＿＿。

3.在评估动力蓄电池内阻时,一般使用＿＿＿＿＿＿法来测量。

4.动力蓄电池装调时,对动力蓄电池模组的固定应保证其具有良好的_____性,防止松动。

三、简答题

说明在动力蓄电池装调过程中如何保证动力蓄电池组的安全性和可靠性。

任务二 动力蓄电池系统故障诊断

任务描述

客户来到某4S店,自己的某品牌新能源汽车出现故障,经维修技师检查是仪表显示动力受限,后使用故障诊断仪检查为动力蓄电池电压不均衡导致,需拆解动力蓄电池进行均衡处理。

学习目标

知识目标

1.熟悉动力蓄电池故障现象导致车辆异常的情况;

2.掌握动力蓄电池故障诊断及维修方法。

技能目标

能够对动力蓄电池进行故障诊断及维修。

素质目标

1.强化学生在高压环境下的安全风险意识,确保严格遵循安全操作规程,提升紧急情况下的应急处置能力;

2.培养学生系统化思维与逻辑分析能力,能够基于故障现象和数据快速定位问题根源,制定精准维修方案;

3.提高学生在团队协作中的角色适配能力,通过高效沟通与分工协作,确保复杂故障诊断流程的顺畅执行;

4.引导学生关注技术细节与数据准确性,养成严谨的技术验证习惯,确保每一步诊断操作符合行业标准。

学习内容

一 动力蓄电池故障分级

1 一级故障(轻微故障)

这类故障通常不会对车辆的行驶性能和安全性造成直接的重大影响,但可能会影响电池的部分性能或提示车辆系统进行一些预防性操作。例如,个别电池单体的温度轻度异常升高,可能是由于局部散热不畅或短暂的电流不均衡,但仍在可接受范围内;或者电池管理系统检测到某个传感器的信号偶尔出现小偏差,但不影响整体数据的准确性。

当车辆检测到一级故障时,首先在仪表盘上显示相应的故障警示灯,如黄色的电池系统轻微故障灯。同时,将故障信息记录在车辆的故障存储单元中,以便维修人员后续读取分析。车辆的电池管理系统会尝试对异常情况进行自我调整,例如调整个别电池单体的充电电流或散热风扇的转速,以恢复电池的正常状态。车辆的正常行驶功能基本不受限,但会建议车主在方便时尽快前往维修站点进行检查。

❷ 二级故障(中度故障)

二级故障对车辆性能已产生一定影响,可能导致车辆动力输出受限或某些功能无法正常使用。比如,部分电池模组出现电压不均衡且偏差超出一定阈值,这会使电池的总容量和功率有所下降,车辆加速能力变弱。又如,冷却系统的一个水泵出现故障,导致电池散热效率降低,若持续运行可能引发更严重的热失控风险,此时车辆需要限制功率以避免电池过热加剧。

车辆检测到二级故障后,仪表盘会亮起橙色的故障指示灯,同时发出声音警报提醒驾驶人。车辆会立即限制动力输出,例如,将最高车速限制在一定范围内,并且限制车辆的加速性能,以防止电池进一步恶化。电池管理系统会持续监测故障情况,并尝试进行一些修复操作,如对电压不均衡的电池模组进行均衡充电。如果故障持续一段时间仍未解决,车辆会自动进入跛行模式,引导驾驶人将车辆驶向安全地点,并联系救援或维修服务。

❸ 三级故障(严重故障)

三级故障严重威胁车辆安全和正常行驶,极有可能引发电池热失控、起火甚至爆炸等灾难性后果。例如,电池组发生严重的短路现象,瞬间产生巨大电流,导致电池内部温度急剧上升;或者,电池外壳出现破裂,电解液泄漏,不仅会破坏电池内部结构,还可能与外界环境发生化学反应产生危险。

一旦发生三级故障,车辆会立即启动紧急应对程序。仪表盘显示红色的危险故障灯并伴有强烈的声音警报。车辆会迅速切断电池与电机等高压系统的连接,以防止危险进一步扩大。同时,车内的灭火系统(如果配备)会进入预启动状态,准备应对可能的起火情况。车辆会自动解锁车门、降下车窗,方便乘客逃生,并通过车载通信系统向周围车辆和救援中心发送求救信号,报告车辆的位置和故障信息。

二 故障指示灯

以下是与动力蓄电池故障相关的故障指示灯解读,详见表3-9。

故障指示灯类型　　　　　　　　　　　　　　　　表3-9

图标	名称	功能
	动力系统故障	一级故障,灯亮;二级故障,闪烁;三级故障,闪烁+报警
	动力蓄电池故障	动力蓄电池故障时点亮

续上表

图标	名称	功能
	动力蓄电池高温	电池温度过高时点亮
	动力蓄电池漏电	动力蓄电池发生绝缘故障时点亮
	高压切断故障	高压接触器断开时点亮
CAN	CAN 故障灯	CAN 线故障时点亮
LOCK	高压互锁报警灯	高压互锁故障时点亮

三 动力蓄电池故障检修

1 故障类型

1）单体电池故障

（1）单体电池 SOC 偏低和单体电池 SOC 偏高。

这种情况下电池性能正常，无须更换。如果单体电池 SOC 偏低，则该电池在汽车行驶过程中，电压最先达到放电截止电压，使得电池组实际容量降低，应对该单体电池进行补充充电。如果单体电池 SOC 偏高，则该电池在充电末期最先达到充电截止电压，影响充电容量，需对该单体电池进行单独补充放电。

（2）单体电池容量不足和单体电池内阻偏大。

这种情况表示电池性能衰退严重，应立即更换。在电池组中，最小的单体电池容量也限制了整个电池组的容量，因此发生单体电池容量不足故障会影响车辆续驶里程。锂离子蓄电池内阻如果过大，会严重影响电池的电化学性能，如充放电过程中的极化严重、活性物质利用率低、循环性能差等。

（3）单体电池内部短路、单体电池外部短路。

这种情况会影响行车安全。如果单体电池极性装反，在强振动下锂离子蓄电池的极耳、极片上的活性物质、接线柱、外部连线和焊点可能会折断或脱落，造成单体电池内部短路或者外部短路故障。

通常情况下，造成单体电池前两种故障的原因可能包括两个：一是动力蓄电池成组时单体电池一致性问题，单体电池的 SOC、容量、内阻本身就存在差异；二是单体电池在成组应用过程中因为应用环境差异（如温度、充放电电流）而造成的一致性差异增加，加剧单体电池的不一致性。

2）电池管理系统故障

（1）电池管理系统通常对单体电压、总电压、总电流和温度等进行实时监控采样，并将实时参数反馈给整车控制器。电池管理系统除了对电池性能参数进行监控、实施电性能管理以外,还具有热管理为主的应用环境管理,实施对电池的加热和冷却,确保电池的良好应用环境温度以及温度场的一致性。

若电池管理系统发生故障,就失去了对电池的监控,不能估计电池的 SOC,容易造成电池的过充、过放、过载、过热以及不一致性问题的增加,影响电池的性能、使用寿命和行车安全。

(2)电池管理系统故障包括 CAN 通信故障、总电压测量故障、单体电压测量故障、温度测量故障、电流测量故障、继电器故障、加热器故障和冷却系统故障等。图 3-11 所示为 BMS控制器采集线路烧蚀故障。

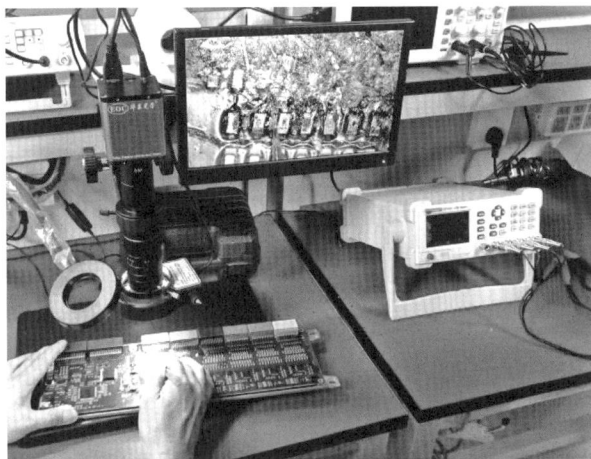

图 3-11　BMS 控制器采集线路烧蚀

3)线路或连接件等机械故障

(1)电池外壳损坏。

电池外壳可能因碰撞、挤压或长期使用老化而出现破裂、变形等损坏情况。外壳损坏不仅会影响电池的机械稳定性,还可能导致电解液泄漏,腐蚀周围部件,破坏电池内部的密封环境,引发短路等电气故障,同时泄漏的电解液可能对环境造成污染。图 3-12 所示为动力蓄电池包破损故障。

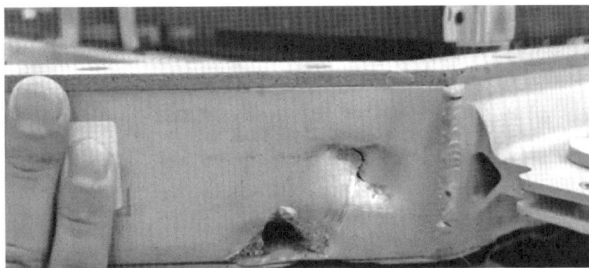

图 3-12　动力蓄电池包破损故障

(2)连接部件松动或损坏。

电池模组之间以及电池与线路连接的部位,如螺栓松动、连接器老化或损坏等,会导致接触电阻增大。这会使连接部位发热,增加能量损耗,影响电池的充放电效率,严重时可能引发局部过热甚至起火。图 3-13 所示为由于单体电池鼓包造成短路故障。

故障诊断仪的使用

图 3-13　单体电池鼓包造成短路故障

2 故障诊断方法

1）故障码读取

BMS 会记录电池相关的故障码。通过连接到车辆的诊断接口,可以读取这些故障码,帮助确定问题所在。图 3-14 所示为使用故障诊断仪读取电池包信息。

新能源汽车
维修检测设备

图 3-14　使用故障诊断仪读取电池包信息

2）传感器检查

BMS 使用多种传感器来监测电池的状态,如电压、温度等。检查传感器的准确性,以确保获取的数据正确。

3）电池均衡

如果电池单体之间存在不均衡,可能会影响电池性能和寿命。诊断时需要检查单体之间的电压差异。

4）温度监测

电池的温度过高可能导致故障。检查温度传感器的准确性,并确保冷却系统正常运行。

5）电池电压和电流测试

测量电池的实际电压和电流,以确认其与预期值是否一致。

❸ 动力蓄电池常见故障处理方法

动力蓄电池常见故障处理方法,见表 3-10。

动力蓄电池常见故障处理方法   表 3-10

故障类型	故障现象	故障造成的后果	处理方法
单体电池故障	单体电池 SOC 偏低	电池组容量降低,续航里程变短	对电池进行均衡处理
	单体电池 SOC 偏高		
	单体电池容量不足	电池组充电时间短、使用寿命减少、续航里程变短	单体电池更换
	单体电池内阻偏大		
	单体电池过充电	电池内部短路、电池热失控,严重时会起火、爆炸	检查电池管理系统
	单体电池过放电		
	单体电池内部或外部短路	电池热失控,严重时会起火、爆炸	排除短路故障,更换单体电池
电池管理系统故障	CAN 通信故障	无法监控车辆	检查 CAN 网络
	总电压测量故障	无法监控总电压	检查总电压测量模块
	单体电压测量故障	无法监控单体电压	检查单体电压测量模块
	温度测量故障	无法监控电池温度	检查温度测量模块
	电流测量故障	无法监控电池电流	检查电流测量模块
	冷却系统故障	电池温度偏高	检查冷却风扇测量模块
线路或连接件等机械故障	电池间虚接	动力不足,续航里程短	紧固电池连接
	电池间断路	无法启动	检查电池连接
	熔断器断开		检查熔断器
	动力蓄电池插接器断开		检查插接器
	信号电插接器虚接	插接器易烧蚀,动力不足	
	信号电插接器故障	无法监控汽车	
	正极接触器故障	无法启动	检查接触器
	负极接触器故障		
	电源线短路	电池热失控,严重时会起火、爆炸	检查动力母线

任务实施

一 任务准备

本任务采用工学一体化教学模式,按照学生 30 人,每组 5 人,每组任命 1 名小组长,进行具体任务的分工和工量具的清点(表3-11)。

任务准备清单　　　　　　　　　　表 3-11

实训项目	实训器材	说明	数量
动力蓄电池故障诊断	动力蓄电池平台		2
	绝缘垫	通用	6
	绝缘手套	通用	6
	护目镜	通用	6
	安全帽	通用	6
	危险警示牌	通用	6
	电池内阻测试仪		2
	绝缘电阻表		2
	电池充放电维护仪		2
	电池均衡仪		2

二 实施步骤

1. 首先完成作业前准备工作(表3-12)。

作业前准备　　　　　　　　　　表 3-12

作业前准备	①检查隔离栏、设置安全警示牌、灭火器
	②安全检查:绝缘手套、鞋　性能:_____　耐压等级:_____

2. 动力蓄电池故障现象描述:

_____

_____

3. 使用故障诊断仪查询动力蓄电池数据(表3-13)。

动力蓄电池检测表　　　　　　　　　　表 3-13

总电压		总容量	
电池最高温度		电池最低温度	
最高单体电池电压		最低单体电池电压	
压差			

4.动力蓄电池高压母线绝缘检测（表3-14）。

动力蓄电池高压母线检测表   表3-14

	动力蓄电池正极与车身搭铁绝缘电阻：_____ 动力蓄电池负极与车身搭铁绝缘电阻：_____

5.电池均衡仪的使用（表3-15）。

电池均衡仪使用步骤   表3-15

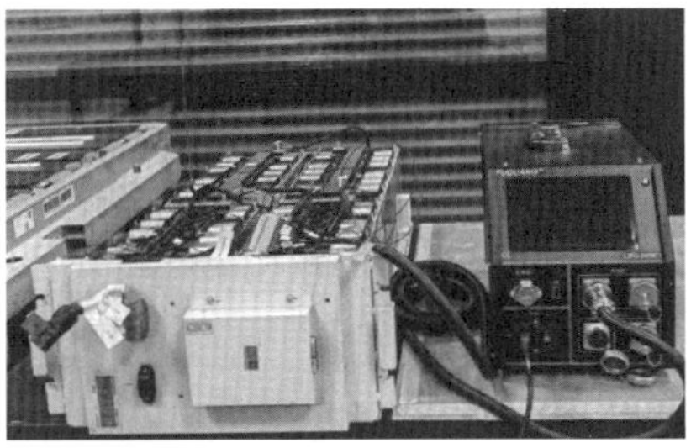	组装仪器线缆
	连接均衡仪夹子,红色接均衡电池正极,黑色接负极
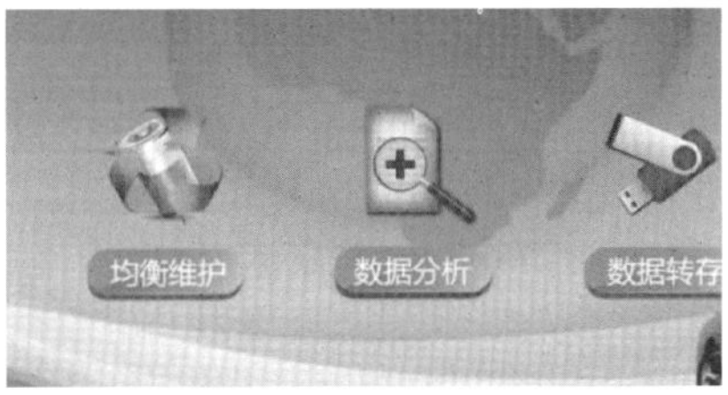	开机选择均衡维护功能
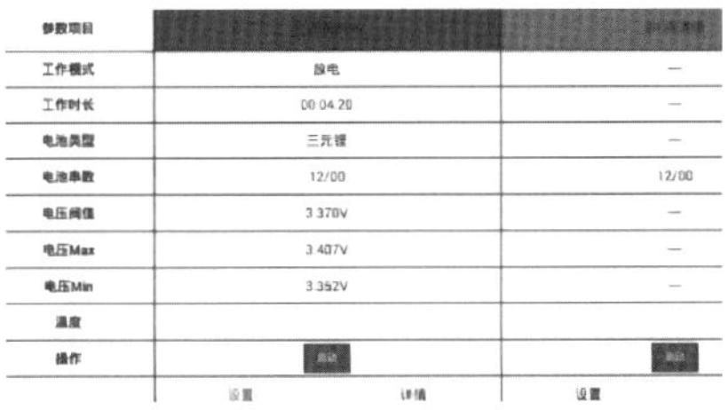	查看数据
	参数设置

续上表

	当所有电池状态显示完成,结束均衡

三 任务实施考核（表3-16）

活动评价表　　　　　　　　　　　　　　　　　　表3-16

班级：　　　　　　　　组别：　　　　　　　　姓名：

项目	评价内容	分数（分）	评价指标		
			自评	互评	教师评价
关键能力考核项目（30%）	遵守纪律、遵守学习场所管理规定,服从安排	5			
	安全意识、责任意识,5S管理意识,注重节约、节能与环保	5			
	学习态度积极主动,能参加实习活动安排	7			
	团队合作意识,注重沟通,能自主学习及相互协作	8			
	仪容仪表符合活动要求	5			
专业能力考核项目（70%）	按时按要求完成实施任务	40			
	工具、设备选择得当,使用符合技术要求	10			
	操作规范,符合要求	5			
	学习准备充分,齐全	10			
	注重工作效率与工作质量	5			
总分		100			
小组评价			组长签名：		
教师评语			教师签名：		

知识拓展

什么是真正的零碳工厂?

众所周知,尽管新能源汽车是实现绿色低碳的重要载体,但是其核心部件动力蓄电池的生产过程却产生大量的碳排放。根据欧洲运输与环境联合会数据显示,动力蓄电池生产的碳排放范围为每千瓦时约 106 千克二氧化碳当量。其中电池生产的上游部分采矿、精炼等为每千瓦时约为 59 千克二氧化碳当量,而生产和组装的碳排放在每千瓦时约 47 千克二氧化碳当量。

2023 年 1 月,国家工信部等六部门印发《关于推动能源电子产业发展的指导意见》,文件提出支持建立锂电等全生命周期溯源管理平台,开展电池碳足迹核算标准与方法研究,探索建立电池产品碳排放管理体系。与此同时国内动力蓄电池企业正加速出海,而国外相关法规对于碳足迹管理政策日渐严格,成为国内电池企业出海的新壁垒,零碳厂改造也是迫不得已。

宁德时代,亿纬锂能、远景动力、欣旺达、蜂巢能源等动力蓄电池企业,都开始积极部署零碳转型战略,探索电池碳足迹、数字电池护照、回收材料及溯源等解决方案。当然除电池企业外,包括长城汽车、广汽埃安、远景动力、鹏辉能源、中伟股份、诺德股份、天赐材料、邦普循环等相关企业,也纷纷加快零碳工厂的建设步伐。

那么,什么是真正的零碳工厂? 零碳工厂是指在特定时间内(通常以年度为单位)在温室气体排放核算边界内产生的温室气体排放量,通过自主减排和核算边界外的减排项目清除,或者通过消耗相应数量的碳信用进行抵消,实现净零碳排放的工厂。纵观全球,当前零碳工厂建设仍处于起步阶段,国内也仅有少数几家企业通过了零碳工厂团体标准认证。

真正的零碳工厂通过节能减排技术的成熟应用、可再生能源替代及负碳技术,最大限度地实现应减尽减,同时还要明确在减少碳排放量上所做出的成就与努力。相较于通过绿色工厂以实现工厂集约化、原料无害化、生产清洁化、废物资源化、能源低碳化来侧重生产过程的绿色化,零碳工厂可视为绿色工厂的升级版本,意味着二氧化碳零排放,因此壁垒更高。

零碳工厂需要通过第三方机构按照相应标准进行认证。目前最权威、最知名的第三方认证机构是瑞士通用公证行 SGS。SGS 是专业从事碳盘查、碳审计的全球知名公司,也是在中国最早涉足产品碳足迹业务的第三方组织。资料显示,宁德时代多家零碳工厂称号就是由 SGS 认证的。不过随着近年来零碳工厂标准等越来越多的标准出台,认证机构数量已在增长。

2022 年 6 月,由 TUV 莱茵协同远景科技集团、钵和认证、上海市能效中心、联合利华等 20 多家权威机构和领先企业共同编制,结合多方经验,遵循科学、权威、严格的原则,经过长达半年的研究、讨论、评审与反复修订,全球首个完整、可量化的零碳工厂建设标准和评价细则《零碳工厂评价规范》(T/CECA-G 0171—2022)正式出炉,引起巨大反响。

这一评价细则根据核算边界内中和的温室气体源类型,零碳工厂被分为Ⅰ型及Ⅱ型两种类型。其中Ⅰ型零碳工厂针对直接排放及移除的温室气体、输入能源导致间接排放的温室气体这两种工厂温室气体源;Ⅱ型零碳工厂在Ⅰ型零碳工厂的基础上,增加来自交通运输、组织所使用产品等导致间接排放的温室气体源。

两种类型的零碳工厂根据最终的评估结果,可分别细分为四个等级,其中以六星级作为最高的等级。对于六星评估,Ⅰ型零碳工厂的要求是 100% 采用可再生能源电力,以及实现 100% 抵消;Ⅱ型零碳工厂的要求则是 100% 采用可再生能源电力,以及实现 100% 清除。标准的出台为工厂在减碳目标设定、低碳项目改造、新建项目规划等方面提供明确依据和指导。

而在全球汽车产业链碳中和的大环境下,全球范围内正在建立共识,汽车产业要实现全生命周期零碳目标,产业链的减碳同样重要,动力蓄电池及材料生产制造和回收利用过程中的碳排放备受关注。根据欧洲运输与环境联合会的报告显示,电池生产的碳排放范围在每千瓦时 61～106 千克二氧化碳当量,最高可以占据电动汽车全生命周期碳排放的60%以上,可以说是不容小觑。

其中,动力蓄电池碳排放主要集中在电池生产及组装和上游正负极等关键材料的生产这两个环节。欧洲运输与环境联合会数据显示,电池生产和组装的碳排放在每千瓦时 2～47 千克二氧化碳当量,而电池生产的上游部分(采矿、精炼等)为每千瓦时 59 千克二氧化碳当量,占比超过半数。因此对于国内锂电池企业来说,降低锂电池生产产生的碳排放势在必行,零碳工厂建设迫在眉睫。

巩固练习

一、选择题

1. 动力蓄电池组出现电压不均衡的常见原因不包括(　　)。
   A. 电池单体自放电率差异大　　　　B. 电池管理系统(BMS)故障
   C. 长时间快充　　　　　　　　　　D. 电池组外壳破损

2. 动力蓄电池容量快速衰减可能是由以下哪种情况导致的?(　　)
   A. 经常在低温环境下使用　　　　　B. 定期进行浅充浅放
   C. 使用原配充电器　　　　　　　　D. 电池组散热良好

3. 当动力蓄电池充电时温度过高,可能的原因是(　　)。
   A. 充电电流过小　　　　　　　　　B. 电池内部短路
   C. 充电器电压过低　　　　　　　　D. 电池均衡功能正常

4. 以下哪种故障现象可能是由于动力蓄电池的连接线路松动引起的?(　　)
   A. 车辆加速无力　　　　　　　　　B. 电池组电压过高
   C. 电池 SOC 显示异常　　　　　　D. 以上都有可能

5. 动力蓄电池的绝缘电阻过低,可能会导致(　　)。
   A. 电池自放电加快　　　　　　　　B. 车辆无法起动
   C. 充电速度变快　　　　　　　　　D. 电池寿命延长

二、填空题

1. 检测动力蓄电池单体是否存在内部短路,可使用＿＿＿＿＿＿法进行初步判断。
2. 动力蓄电池故障诊断中,通过检测电池的＿＿＿＿＿＿可以间接判断电池的健康状况。
3. 当动力蓄电池出现"热失控"现象,应首先检查＿＿＿＿＿＿系统是否正常工作。
4. 动力蓄电池的故障诊断通常需要借助专业的检测设备,如＿＿＿＿＿＿和电池分析仪等。

三、简答题

简述动力蓄电池电压不均衡故障的诊断方法及处理措施。

项目四

动力蓄电池维护及更换

项目描述

　　纯电动汽车的检查与维护主要是针对动力蓄电池组、驱动电机以及高压部件,正确的维护能保证动力蓄电池的健康状态,提升电动汽车的性能和寿命。但是电池的老化和损坏仍难以完全避免,当电池容量下降严重或出现故障时,就需要更换电池。本项目主要介绍动力蓄电池的维护及更换,包含动力蓄电池的维护和动力蓄电池的更换 2 个任务。

　　通过以上 2 个任务的学习,能够理解并掌握动力蓄电池的日常保养、维护内容以及更换流程。

任务一　动力蓄电池的维护

动力蓄电池的维护

任务描述

　　客户反映一辆比亚迪秦 EV 纯电动汽车动力蓄电池充电时间长,充满电后续航里程缩短,经过技师诊断,确定需要维护动力蓄电池。

学习目标

知识目标

1.掌握动力蓄电池的一级维护内容;

2.掌握动力蓄电池的二级维护内容。

技能目标

能完成动力蓄电池的维护操作。

素质目标

1.培养学生规范操作、团结协作的精神及 5S 现场管理的习惯;

2.培养学生查阅资料、整理资料的能力。

学习内容

一　动力蓄电池的维护

汽车在行驶中,由于受各种因素的影响,零部件必然会逐渐产生不同程度的自然松动、磨损和其他机械损伤,如果不及时采取必要的技术措施,汽车的动力性、经济性必然变坏,可靠性也将随之降低,甚至发生意外事故。汽车维护就是为了减少机件磨损,保证汽车具有良好工作性能,预防故障发生和延长车辆使用寿命而采取的维持性的技术措施。新能源汽车也是汽车的一种类型,因此同样要进行日常的维护。

传统汽车主要针对发动机系统进行维护,需要定期更换机油、机油滤清器等发动机相关的运行材料;由于纯电动汽车是靠电机驱动,因此不需要更换机油、机油滤清器、汽油滤清器、空气滤清器等运行材料,纯电动汽车主要是针对动力蓄电池组、驱动电机以及高压部件等进行检查与维护;混合动力汽车比传统汽车增加了与纯电动汽车类似的高压电驱动系统维护。

❶ 保养制度

汽车保养主要是针对汽车修理维护中的拆卸修理而言的,是指汽车运行期间的保养护理,由传统的汽车维护作业演化而来,强调对汽车进行各种预防性的保养与维护,并对传统养护进行突破与创新,达到"在运行中保养,免拆卸维护"的目标。这是一种全要素的、系统性的、全面性的养护,是一种快捷、优质、高效的全新汽车服务。

根据电动车辆"预防为主、定期检测、强制维护"的维护原则,动力蓄电池保养分为日常维护、一级维护、二级维护,要由专业维护人员执行。

日常维护是以清洁、补给和安全性能检视为中心内容的维护作业。动力蓄电池日常维护主要针对蓄电池电量。一级维护是除日常维护作业外,检查动力蓄电池工作状态(主要是电池单体电压一致性),用专用设备进行SOC值校准。二级维护指除一级维护作业外,更加细致地检测调整动力蓄电池工作状况和冷却系统。

❷ 维护周期

动力蓄电池系统的维护周期根据营运及非营运电动汽车的使用频率进行划分,具体周期见表4-1,非定期维护保养周期则根据具体情况而定。

营运/非营运电动汽车维护作业周期(里程/时间)　　　　表4-1

维护类别	营运电动汽车间隔里程/时间	非营运电动汽车间隔里程/时间
日常维护	每个运行工作日	—
一级维护	5000~10000km/1个月	5000~1000km/6个月
二级维护	20000~30000km/6个月	20000~30000km/1年

注:维护作业间隔里程/时间,以先到者为保养周期要求。

❸ 保养工具

电动汽车电池保养除了使用一般的拆装、清洁工具外,还包括万用表、绝缘性测试仪以及专用诊断工具,如内阻仪、电池性能测试仪、电池在线均衡仪等。由于动力蓄电池属于高压系统,在保养时操作者务必注意进行安全保护。

二 动力蓄电池的保养内容

❶ 日常维护

(1)充电操作时要有专业人员进行看护,充电过程中确保插头与插座接触良好,确保充电设备工作正常,确保电池组各连接点接触良好。如果出现异常,需要修复后才能充电;充电和放电前检查 BMS 显示器上显示的电池电压、温度、压差等状态,确保所有值都处于正常范围内。

(2)若电池组上盖与极柱上存在大量灰尘、金属屑或其他杂物,及时使用压缩空气进行清理,避免使用水或水浸湿的物体进行清洁;充电和放电时尽量避免有水或其他导电物体溅到电池上盖与极柱处,例如暴露在大雨中使用。根据电池或电池组实际使用状态估计电池的充电时间和放电时间,在充电末期和放电末期注意观察电池或电池组是否存在异常,如电池的电压差问题。

❷ 定期维护

(1)检查 BMS 显示器上的电压数据与实际电池电压值,以确保 BMS 的电压采集的准确性,若不一致则要进行校对,采集的电压与实际电池电压误差不超过 5mV;

(2)检查 BMS 的温度采集数据与实际温度值,采集数据与实际温度值的数据误差不允许超过 3℃,确保电池不会在温度过高或温度过低的时候被充电或者放电;

(3)检查 BMS 的电流采集数据与实际电流值,误差不允许超过 1%,确保电池不会被过电流充电或者过电流放电;

(4)检查导电带、电压采集端子等节点是否存在松动、脱落、生锈或者变形等情况,确保电池组使用的串并联线束牢固可靠;

(5)检查电池外壳是否存在裂缝、变形、极柱松动、鼓胀等异常情况;

(6)检查充电设备的可靠性,确保充电设备完全按照 BMS 发出的调压调流信号执行充电动作,确保电池不会被过充电;

(7)检查放电保护设备,例如快速熔断器、直流接触器、继电器、空气开关等,确保若出现短路、过流等危险状况时电池组能被快速切断主回路;

(8)测试电机控制器、车载空调控制器等高压用电设备的通信及执行功能,确保当 BMS 发出切断信号时,所有高压用电设备能及时停止用电,确保电池不被过放电;

(9)检查电池组与车体的绝缘电阻状态,确保阻值符合我国国家标准($\geqslant 500\Omega/V$),以保证电池不存在漏电现象;

(10)若出现电池组带电量不一致的情况时,解决的方法如下:首先,使用带有均衡功能且均衡效果非常好的管理系统,最好是具有均衡充电功能;其次,将所有单体电池用小于 0.3C 的充电电流将单体电池的电压充到 3.65V。

❸ 动力蓄电池的外观检查

检查动力蓄电池箱体表面、固定件、冷却管路接口、维修开关、平衡阀有无松动、变形、破损、渗漏、锈蚀痕迹。检查电池外部高低压接口、高低压接口内部有无水迹、烧蚀等痕迹,低压通信接口端子有无变形或松动现象。检查高压线束及接插件,高压线束有无破损、有无松动、变形、破损、渗漏、锈蚀。检查动力蓄电池包是否漏液。检测动力蓄电池包内部是否有灰尘、微小颗粒、雨水、液体侵蚀痕迹;检测动力蓄电池包箱体结构和密封圈是否密封。检查电池通风口是否堵塞,若是,及时清理。检查动力蓄电池安装是否牢靠,紧固螺栓是否松动,按照标准力矩拧紧。检查动力蓄电池外观是否有裂痕,若有,及时更换。

④ 动力蓄电池的性能及安全性检查

动力蓄电池单体电压差检查;电池容量检查;动力蓄电池包气密性检测,泄漏量 < 100Pa 或泄漏率 ≤ 14cm³/min;检测电池包箱体结构和密封圈是否密封;检测电池的衰减变化,精准检测单体电池的性能,避免因温度等因素引发的热失控等安全事故;检测电池包实际能量与额定(可用)能量,得出动力蓄电池的健康度;检测动力蓄电池 BMS 是否异常,SOC 的充电电量的变化是否呈线性等;检测是否存在绝缘老化问题,如是,及时更换。

三 动力蓄电池的维护项目

① 一级维护保养项目及要求

动力蓄电池一级维护作业项目和要求,见表4-2。

动力蓄电池系统一级维护项目及要求   表4-2

序号		作业要求
1	工作状况	(1)检查仪表显示的 SOC 电压、电流、温度等示值,示值应符合车辆维修工作状况保养手册的规定; (2)检查电池箱压力阀的外观,阀体应无破损和堵塞
2	外观	(1)检查电池舱舱盖,电池舱舱盖应锁闭正常且形状完好; (2)检查电池箱壳体表面,壳体表面应无异常变形和破损,无磕碰及损坏,无异味和异常渗漏; (3)检查电池托架结构表面,托架结构表面应无异常断裂、变形和锈蚀; (4)检查系统表面是否存在积尘或杂物,对存在积尘或杂物的,应使用风枪或毛刷进行清洁,外表面应无明显积尘或杂物,且干燥; (5)检查电池外部高低压接口,高低压接口内部应无水迹、烧蚀等痕迹,低压通信接口端子应无变形或松动现象; (6)检查高压线束及接插件,高压线束应无破损,与车辆运动部件无干涉,接插件清洁、无破损; (7)检查动力蓄电池管理系统壳体连接线束及接插件壳体及连接线束应清洁、干燥接插件完好线路布设无干涉
3	冷却系统	(1)检查冷却液高度,视情况补给或更换冷却液,液面高度应符合车辆维修保养手册的规定; (2)检查冷却管路固定情况,软管与硬管连接处无异常渗漏,管路布设无干涉; (3)检查散热器或冷却装置的外观,外观应清洁连接管路应固定可靠且无异常泄漏

② 二级维护保养项目及要求

(1)使用诊断仪对电动系统专用装置进行进厂检验,读取故障码并确定应维护的项目。

(2)根据驾驶人反馈的车辆技术状况和电动系统专用装置进厂检验结果确定电动系统专用装置附加作业项目。

(3)电动系统专用装置二级维护作业项目包括上个表和上一步所确定的附加作业项目,并在此基础上有所增加,增加的作业项目和要求见表4-3。

动力蓄电池系统二级维护项目及要求 表4-3

作业项目	作业要求
动力蓄电池系统	(1)检查系统安装固定情况,紧固动力蓄电池箱体及托架、动力蓄电池管理系统箱体等固定螺栓,紧固力矩应符合车辆维修保养手册的规定; (2)检查高压线束、接线柱等连接固定情况线束及接线柱的连接应固定可靠、无松脱;紧固动力蓄电池及动力蓄电池管理系统的正负极接线柱固定螺栓,紧固力矩应符合车辆维修维护手册的规定; (3)检查线束固定情况、接插件连接情况,线束应固定可靠、无脱落,接插件应锁紧可靠; (4)根据车辆维修保养手册要求进行气密性检查,系统气密性符合车辆维修保养手册的规定

❸ 动力蓄电池维护操作步骤

动力蓄电池维护操作步骤见表4-4。

维护操作步骤 表4-4

项目	目的	方法	工具
绝缘检查(内部)	防止动力蓄电池内部短路	打开动力蓄电池,断开BMS插头,用绝缘表1000V挡测试总正、总负对地,阻值≥5000Ω/V	绝缘表
模组连接件检查	防止螺栓松动,造成故障	用做好绝缘的扭力扳手紧固(扭力为35N·m),检查完成后,做好极柱绝缘	扭力扳手
电箱内部温度采集点检查	确保测温点工作正常,采集点合理	使用笔记本电脑通过专用CAN卡监控电池箱内部温度与用红外热像仪所测试的温度对比,检查温感精度	笔记本、CAN卡、红外热像仪
电箱内部除尘	防止内部粉尘较多,影响通信	用压缩空气通过气枪对内部进行清理	借助空压机
电压采集线检查	防止电压采集破损,导致测试数据不准	将从板接插件打开安装1次,通过观察数据变化进行确认	
标识检查(内部)	防止标识脱落	目测	
熔断器检查	检查熔断器状态是否良好,遇事故时可正常工作	用万用表二极管挡测量通断	万用表

续上表

项目	目的	方法	工具
电箱密封检查	保证电箱密封良好,防止水进入	目测密封条或更换密封条	
继电器测试	防止继电器损坏,车辆无法正常上高压	用笔记本电脑上的专用监控软件启动关闭总正总负继电器,并用专用万用表进行测试	万用表、笔记本、CAN卡
高低压接插件可靠性检查	确保接插件正常使用	目测高低压接插件是否松动、破损、腐蚀以及密封等情况,并通过专用万用表测量连接可能可靠性,用绝缘测试仪进行绝缘测试	目测、万用表、绝缘表
其他电箱内零部件检查	保证辅助性的部件正常使用	检查是否松动、破损、脱落等情况	螺丝刀、扭力扳手
电池包安装点检查	防止电池包脱落	目测检查每个安装点焊接处是否有裂纹	目测
电池包外观检查	确保电池包未受到外界因素影响	电池包无变形、无裂痕、无腐蚀、无凹痕	目测
保温检查	确保冬季电池包内部温度	目测检查电池包内部边缘保温棉是否脱落、损坏	目测
电池包高低压线缆安全检查	确保电池包内部线缆是否破损、漏电	目测电池包内部线缆是否破损、挤压	目测
电芯防爆膜、外观检查	防止电芯损坏、漏电	目测可见电芯防爆膜、电芯外观绝缘是否破损	目测
CAN电阻检查	确保通信质量	下电情况:用万用表欧姆挡测量CAN1(3)高对CAN1(3)低电阻	万用表
电池包内部干燥性检查	确保电池箱内部无水渍	打开电池包,目测观察电池箱内部是否有积水,测量电池包绝缘	绝缘表
电池加热系统测试	确保加热系统工作正常,避免冬季影响充电	电池箱通12V电源,打开监控软件,启动加热系统,目测风扇是否正常或者加热膜片是否工作正常	12V电源、笔记本、CAN卡
对各高、低压插接头及部件进行除湿、润滑、绝缘处理	保证高、低电路连接的可靠性	用WD40对插接头及部件进行处理	WD40

任务实施

一 任务准备

本任务采用工学一体化教学模式,按照学生 30 人,每组 5 人,每组任命 1 名小组长,进行具体任务的分工和工量具的清点(表4-5)。

任务准备清单   表4-5

实训项目	实训器材	说明	数量
动力蓄电池的保养	比亚迪秦 EV	—	2
	绝缘垫	通用	6
	绝缘手套	通用	6
	护目镜	通用	6
	安全帽	通用	6
	危险警示牌	通用	6

二 实施步骤

1. 首先完成作业前准备工作(表4-6)。

作业前准备   表4-6

作业前准备	①检查隔离栏、设置安全警示牌、灭火器
	②车辆防护
	③车辆预检
	④安全检查:绝缘手套、鞋 性能:_____ 耐压等级:_____

2. 参照表4-7,进行纯电动汽车动力蓄电池维护操作。

动力蓄电池维护步骤   表4-7

序号	检查维护操作
1	外壳有无变形、密封条有无老化
2	检查各动力蓄电池模组的电压和总电压
3	检查动力蓄电池温度传感器的阻值
4	检查动力蓄电池采集模块线束有无松脱
5	检查模组接线柱螺栓有无松动、烧蚀
6	检查单体电池有无变形、漏液
7	定期测试动力蓄电池容量是否正常
8	连接诊断仪,检测有无故障码

三 任务实施考核（表4-8）

活动评价表　　　　　　　　　　　表4-8

班级：　　　　　　　　组别：　　　　　　　　姓名：

项目	评价内容	分数（分）	评价指标		
			自评	互评	教师评价
关键能力考核项目（30%）	遵守纪律、遵守学习场所管理规定,服从安排	5			
	安全意识、责任意识,5S管理意识,注重节约、节能与环保	5			
	学习态度积极主动,能参加实习活动安排	7			
	团队合作意识,注重沟通,能自主学习及相互协作	8			
	仪容仪表符合活动要求	5			
专业能力考核项目（70%）	按时按要求完成实施任务	40			
	工具、设备选择得当,使用符合技术要求	10			
	操作规范,符合要求	5			
	学习准备充分、齐全	10			
	注重工作效率与工作质量	5			
总分		100			
小组评价			组长签名：		
教师评语			教师签名：		

📖 知识拓展

比亚迪刀片电池技术:全面解析其特点与优势

比亚迪自主研发的刀片电池技术近期备受欧洲媒体关注。多家知名媒体均对比亚迪Atto 3及其采用的刀片电池技术给予了正面评价。刀片电池以"超级安全"的特性而闻名,这背后是比亚迪长期的研发努力。本文将从电池制造工艺角度深入剖析刀片电池技术的独特之处及其带来的六大显著优势。

1. 比亚迪刀片电池的基本概念

刀片电池是一种长电池解决方案。比亚迪刀片电池采用方形铝壳设计,通过优化电芯尺寸,使电池芯既拉长又变薄,如图4-1所示,与传统技术电池系统相比,采用刀片电池的系统组件数量减少了40%以上,尽管比能量密度仅提升9%,但其VCTP体积能量密度却能大幅提升50%以上,同时降低成本30%以上。多串刀片电池的内部结构由电芯铝壳、极电芯、采样线束、内层保护膜、绝缘层、底盖以及顶盖和外层保护膜等多个组件构成。

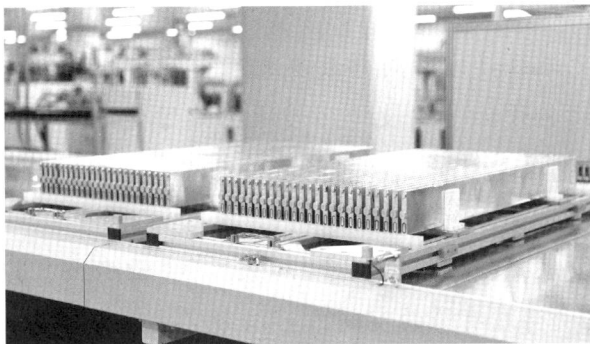

图 4-1　比亚迪刀片电池

2. 比亚迪刀片电池的制造工艺

比亚迪刀片电池的生产工艺涵盖了八大关键步骤：配料、涂装、压延、堆垛、组装、烘烤、注液以及最终的产品测试。这八大工序环环相扣，构成了刀片电池从原材料到最终产品的完整生产流程。值得一提的是，刀片电池的创新并非仅限于某一项工艺，而是体现在对整个生产流程的精细把控上。此外，比亚迪还引入了多项创新技术，如宽幅涂覆、宽幅滚压以及超薄铝壳制造技术，这些技术在刀片电池的量产过程中均属首次应用。

比亚迪刀片电池的生产环境极为严苛，旨在确保电池的安全与性能。车间采用无尘设计，并严格控制恒温在 26℃，湿度维持在 1% 以内，为电池生产打造一个纯净、稳定的环境。此外，比亚迪还提出了创新的粉尘分级控制概念，确保关键工艺中的颗粒物控制在极低水平，与液晶屏生产车间的标准相媲美。

3. 技术特点及优势

1) 安全性

比亚迪刀片电池在安全性方面表现出色，被誉为"超级安全"。这得益于比亚迪自主研发的磷酸铁锂材料，该材料具有高启动温度、慢放热速度和低发热量的特点，且不释放氧气。实验数据显示，即使在炉温梯度升至 300℃ 或电压高达 10V 的情况下，电池也未出现起火或爆炸现象。

此外，比亚迪刀片电池还通过了业界最严格的针刺和挤压测试。针刺测试中，5mm 钢针以 25mm/s 的速度刺穿电池大表面中间，但电池并未冒烟或起火。而在挤压测试中，尽管电池受到挤压，但仅冒烟而不着火，这得益于其电芯与电池组的一体化设计和"直列式结构＋高温绝缘陶瓷保护＋隔烟通道"的巧妙排列。这些创新设计使得比亚迪刀片电池在安全性方面达到了行业领先水平。

2) 电池寿命

比亚迪刀片电池在电池寿命方面表现出色，被誉为"超寿命"。这得益于多项技术层面的创新优化。在电芯层面，刀片电池采用磷酸铁锂电池，其可逆性好、电位低、充放电时膨胀小的特点得到了充分利用。通过控制磷酸铁锂电池的铁溶解问题，有效防止了负极材料受到金属的影响，从而减缓了电池的容量衰减。在电池组层面，刀片电池的分组设计不仅保持了一致性，还使得电池整体温度非常均匀。此外，创新的机械设计也确保了系统在整个生命周期内的膨胀力处于可控状态。因此，比亚迪刀片电池可充放电 3000 次以上，续航里程可达 120 万 km。

3）电池强度

比亚迪刀片电池在电池强度方面同样表现出色,堪称"超强"。这得益于比亚迪工程师精心开发的蜂窝状铝板结构设计。该设计巧妙地去掉了传统封装底部的横梁,同时将多个刀片电池巧妙地夹在中间,反而增强了比亚迪刀片电池的强度。

4）续航

比亚迪刀片电池的续航里程已经达到了"超级里程"的水平。其刀片电池的体积能量密度接近811三元锂电池,使得在有限的空间内可以布置大容量的电池。因此,比亚迪刀片电池包的最大功率超过100kW·h,单次充电即可轻松实现超过600km的续航里程。这一成就不仅打破了电动车以往续航里程短的难题,更彻底颠覆了燃油车的"垄断地位",标志着电动汽车正式迈入了汽车新时代。

5）充电速率

比亚迪刀片电池的充电速度同样令人瞩目。经测试,仅需18min即可将电动汽车从5%充电至80%。在强大电量的支持下,充电过程更加迅速且安全。这一突破性进展使得电动车在充电速度上不再逊于燃油车,进一步提升了电动车的实用性。

6）低温性能

比亚迪刀片电池在"超低温"环境下同样表现出色。经过测试,在低温低电量条件下,比亚迪的磷酸铁锂电池展现出了卓越的功率性能,不仅超越了镍钴锰三元电池,更在-10℃、0.2～0.3C、400倍的严苛环境下,仍能保持80%以上的电池容量。这一优势使得使用比亚迪刀片电池的电动汽车在寒冷地区也能无忧行驶。

巩固练习

一、选择题

1. 动力蓄电池在充电时,应选择(　　　)的环境。

A. 潮湿　　　　　　B. 通风良好　　　　　　C. 高温　　　　　　D. 密闭

2. 以下哪种情况会对动力蓄电池造成较大损害(　　　)。

A. 定期均衡充电　　B. 长期浅充浅放　　C. 经常过度放电　　D. 常温下充电

3. 动力蓄电池的最佳工作温度范围一般是(　　　)。

A. -10～0℃　　　B. 0～10℃　　　C. 15～35℃　　　D. 40～50℃

4. 检查动力蓄电池电解液时,若发现电解液密度过低,可能是(　　　)。

A. 电池充电过度　　B. 电池放电过度　　C. 电解液有杂质　　D. 环境温度过高

二、填空题

1. 动力蓄电池的自放电率与_____和电池本身特性有关。

2. 定期对动力蓄电池进行_____,可以检查电池的健康状态。

3. 动力蓄电池充电时,充电电流过大可能会导致电池_____。

4. 为防止动力蓄电池结冰,在低温环境下可使用_____装置。

5. 动力蓄电池的_____反映了电池存储电荷的能力。

三、简答题

1. 简述动力蓄电池日常维护的主要内容。
2. 说明动力蓄电池在冬季使用时的维护要点。

任务二　动力蓄电池的更换

📇 任务描述

　　4S 店今天接了一辆比亚迪秦 EV 纯电动汽车,动力蓄电池损坏需要更换,作为维修技师,你能安全、规范地完成动力蓄电池的拆装任务吗?

🏃 任务目标

知识目标

1. 掌握动力蓄电池的拆装流程;
2. 掌握动力蓄电池的拆装方法。

技能目标

能完成动力蓄电池的更换并进行规范化操作。

素质目标

　　1. 培养学生在动力蓄电池更换作业中严格执行安全规程,精准识别高压操作隐患,确保人身安全与设备"零事故"的底线思维;

　　2. 引导学生注重拆卸与安装流程的严谨性(如螺栓力矩控制、线束连接顺序),形成"毫米级精度"的职业素养,杜绝因粗放作业引发的二次故障;

　　3. 在多人配合的拆装任务中,强化角色分工、指令传递与结果互验的协同机制,确保每个环节责任可追溯、操作可复盘。

📖 学习内容

动力蓄电池的拆装

一　检查准备工作

❶ 工具准备

(1)防护装备:防护用品一套(工作服、绝缘劳保鞋、护目镜、绝缘头盔、绝缘手套)。

(2)车辆、台架、总成:比亚迪秦 EV 纯电动汽车一辆。

(3)专用工具、设备:充电器、电池组托架、专用测试仪、蓄电池拆装专用工具。

(4)手工工具:新能源汽车维修组合工具。

(5)辅助材料:高压电维修警示牌和设备、绝缘地垫、二氧化碳类型灭火器、清洁剂。

❷ 作业前现场环境检查

(1)设立隔离柱,布置警戒线,隔离间距保持在 1~1.5m。

(2)张贴标注"高压危险""有电危险""禁止合闸"等警示牌,防止他人误碰。

（3）检查维修工位绝缘地垫是否破损脏污，若破损脏污严重，则停止维修作业，及时清理或更换绝缘地垫。测试绝缘地垫五个方位的绝缘阻值是否大于等于2.0GΩ，若绝缘阻值不合格，则禁止维修作业。

❸ 作业前防护用具检查

（1）检查绝缘手套外观是否龟裂老化，气密性是否良好。

（2）检查护目镜镜面是否有划痕裂纹，镜带是否松弛失效。

（3）检查安全帽外观有无破损，佩戴时必须紧固锁扣。

（4）检查绝缘鞋外观是否良好，是否有开胶断底等现象，如果有则更换。

❹ 作业前仪表工具检查

（1）将维修工具车及工具放置在车辆左前方位置，检查三件套等防护套是否齐全。

（2）检查绝缘万用表测试线束及表笔是否破损折断，功能按钮是否正常显示。

（3）检查绝缘工具外观绝缘层是否破损严重，工具数量是否有缺失。

❺ 作业前车辆的检查与防护

（1）放置车轮挡块。

（2）打开前机舱盖，进行车辆防护，安装三件套。铺设翼子板布。铺设前格扇布。

二 动力蓄电池的拆卸

❶ 操作步骤

（1）关闭点火开关，钥匙放入口袋，断开蓄电池负极电缆，等待5min，如图4-2所示、图4-3所示。

图4-2　关闭点火开关　　　　　　　图4-3　断开低压蓄电池负极电缆

（2）断开电池管理系统低压接插件，如图4-4所示。

（3）向上推动动力蓄电池直流母线插头卡扣保险，如图4-5所示。拆卸直流母线连接充电器端插件，进行验电，如图4-6所示。用万用表测量直流母线端正负极电压。用万用表检测电池是否漏电，如图4-7所示，将万用表红表笔连接动力蓄电池母线正极，黑表笔接车身地，检测电压，正常值为10V以下。将万用表红表笔连接动力蓄电池母线负极，黑表笔接车身地，检测电压是否正常。

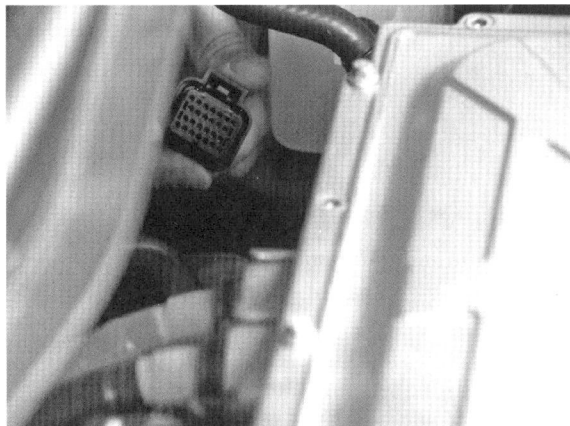

图 4-4　断开电池管理系统低压接插件

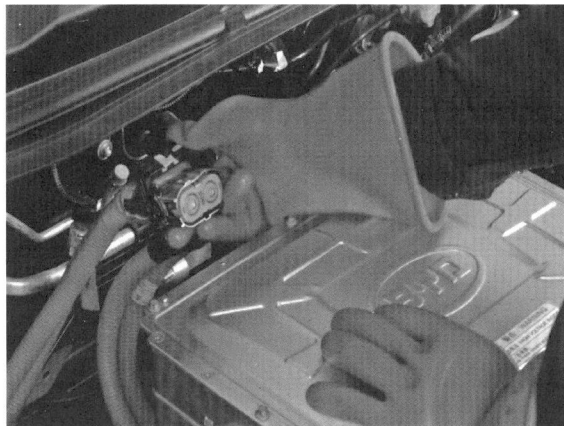

图 4-5　拆下直流母线

图 4-6　验电

图 4-7　万用表检测电池漏电

（4）使用举升机举升车辆,注意举升时确保举升机的支撑点不要支撑在动力蓄电池上,如图 4-8 所示。举升车辆 10cm,检查举升支点有无偏差,检查车辆稳定性。举升车辆达到合适高度,锁止举升机,检查动力蓄电池底板。检查动力蓄电池线束插件外观。

（5）断开动力蓄电池进水管,如图 4-9 所示。断开动力蓄电池出水管,如图 4-10 所示。断开动力蓄电池直流母线,图 4-11 所示。断开动力蓄电池低压接插件,如图 4-12 所示。断开动力蓄电池搭铁线,如图 4-13 所示。

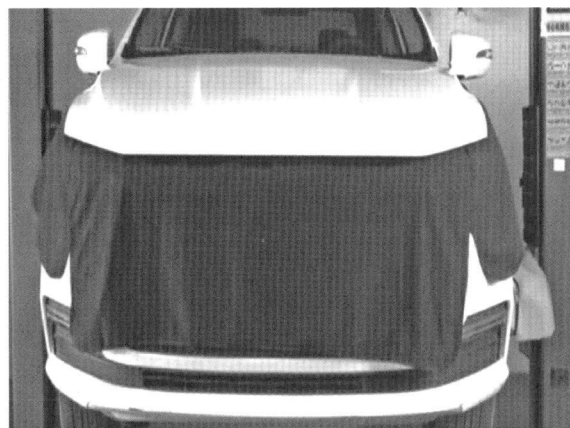

图 4-8　将车辆用举升机升起

图 4-9　断开动力蓄电池出水管

图 4-10   断开动力蓄电池进水管

图 4-11   断开动力蓄电池直流母线

图 4-12   断开动力蓄电池低压接插件

图 4-13   断开动力蓄电池搭铁线

(6)拆卸动力蓄电池总成,升高动力蓄电池举升车,使其上平面与动力蓄电池底部接触,使用套筒拆卸动力蓄电池与车身固定螺栓。拆卸时注意先使用扭力扳手拧松螺栓,再使用棘轮扳手拆下螺栓,如图 4-14 所示。缓慢下降平台车,将动力蓄电池取出,如图 4-15 所示。

图 4-14   拆卸动力蓄电池系统固定螺栓

图 4-15   缓慢下降平台车并取出动力蓄电池

❷ 动力蓄电池整体拆卸操作流程与规范(表4-9)

动力蓄电池拆卸流程

表 4-9

步骤	详细步骤	备注
1	操作前先进行整车断电(12V低压蓄电池负极、维修开关)	此项操作最少两人配合完成。动力蓄电池举升车举升平台上升与下降需缓慢匀速进行,防止因惯性导致电池包位置偏移或滑落
2	使用举升机举升车辆	
3	检查电池包底面有无明显破损托底现象,紧固螺栓是否齐全完好	
4	在车身下方(电池包位置)放置动力蓄电池举升车并上升至接触电池包底面	
5	检查完好状态并拆卸动力蓄电池与车身连接的高低压线束连接器,断开冷却水管	
6	使用专用工具针对车身与电池包的固定螺栓进行拆卸	
7	检查所有螺栓是否全部拆卸完毕	
8	缓慢匀速下降举升平台并观察动力蓄电池与车身周边接触情况至全部分离	
9	拖拽动力蓄电池举升车离开车身下方,做好清洁	

三 动力蓄电池的安装

❶ 操作步骤

(1)更换新的动力蓄电池总成,按与拆卸相反的顺序进行安装,缓慢举升平台车,调整平台车位置,使动力蓄电池总成上的安装孔与车身对齐,如图4-16所示。

(2)安装并紧固动力蓄电池总成十个固定螺栓。首先使用棘轮扳手安装螺栓,如图4-17所示。按顺序安装动力蓄电池总成的固定螺栓,使用力矩扳手按规定力矩拧紧,力矩为78N·m,如图4-18所示。

(3)安装动力蓄电池进水管,安装动力蓄电池出水管,如图4-19所示。

(4)安装动力蓄电池搭铁线,安装动力蓄电池搭铁线固定螺钉时,力矩为9N·m,如图4-20所示。安装动力蓄电池直流母线,如图4-21所示。安装动力蓄电池低压接插件,如图4-22所示。

(5)缓慢降下动力蓄电池举升车,将动力蓄电池降到合适高度后,将动力蓄电池举升车移出,如图4-23所示。

(6)解锁举升机,降下车辆。

图 4-16 缓慢上升平台车并对齐安装孔

图 4-17 棘轮扳手安装动力蓄电池螺栓

图 4-18 扭力扳手紧固动力蓄电池螺栓

图 4-19 安装进、出水管

图 4-20 安装动力蓄电池搭铁线

图 4-21 安装动力蓄电池直流母线

（7）连接电池管理系统低压接插件，连接蓄电池负极电缆、连接直流母线，如图 4-24 ~ 图 4-26 所示。

（8）上电验证，打开点火开关进行上电，仪表 ok 灯点亮，车辆正常上电，如图 4-27 所示。

图 4-22　安装动力蓄电池低压接插件

图 4-23　降下动力蓄电池举升车

图 4-24　连接电池管理系统低压接插件

图 4-25　连接蓄电池负极电缆

图 4-26　连接动力蓄电池直流母线

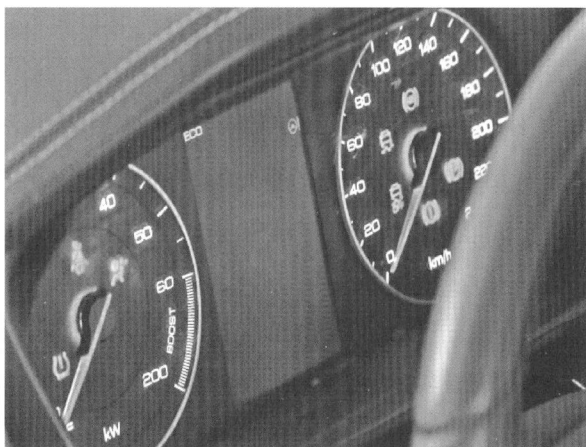

图 4-27　上电验证

2 5S 管理

(1)拆下一字板布及前格栅布。关闭前机舱盖。

(2)清洁工位。

(3)整理清洁测量工具并归位。

❸ 动力蓄电池整体安装操作流程与规范(表4-10)

动力蓄电池安装流程　　　　　　　　　　　　表4-10

步骤	详细步骤	备注
1	蓄电池包放置在动力蓄电池举升车平台并将平台拖拽于车身下方	
2	两人操作缓慢匀速上升平台过程中实时对准车体下方蓄电池包槽位	
3	蓄电池包进入车身前需仔细检查周边线束是否位置正确防止摩擦缠绕	此项操作最少两人配合完成。上升举升平台要匀速进行,防止速度过快,导致蓄电池包与车身碰撞或线束扯损
4	检查蓄电池包定位栓是否安装牢固无松动问题	
5	仔细检查蓄电池包的定位栓是否能完全进入插孔	
6	检查螺栓配件组合是否齐全螺栓数量是否正确	
7	使用专用扭力工具进行螺栓的校紧安装	
8	检查确认螺栓全部安装完毕并绝对紧固	
9	缓慢匀速下降举升平台并移出车身下方,将车辆下降至地面	

四　动力蓄电池更换的注意事项

(1)为了防止未经授权进入工位,以及无法确保高电压本质安全或出现不明状态时,应使用隔离带。离开工作区域时建议竖立发光黄色警告提示。

(2)拆卸盖板前应清除高电压动力蓄电池单元盖板区域内的残留水分和杂质。

(3)进行每项工作步骤之时、之前和之后应对作业组件仔细进行直观检查。例如,拆卸某一组件时,应检查由此松开的其他组件是否损坏。

(4)工作中断时应盖上拆下的壳体端盖并通过拧入几个螺栓防止无意中打开。

(5)测量动力蓄电池端正负极端子输出电压是否为0V,如果高压端带电需等待几分钟再次进行测量,严禁带电操作。

(6)在高电压组件或连接件上或在其附近不要使用带有尖锐刃口或边缘的工具或物体,禁止使用螺丝刀、侧面切刀、刀具等。

(7)不允许切开高电压导线上的扎线带。可以松开卡子或将高电压导线连同支架部件一起拆卸。

(8)拆卸和安装电池模块时,松开螺栓和进行拆卸时,必须注意,不要松开电池模块上的塑料盖板。下面装有导电电池接触系统。

(9)如果高电压动力蓄电池单元内部有杂质时,明确原因后应对相关部位进行仔细清洁,允许使用以下清洁剂:酒精、玻璃清洗液、蒸馏水、带塑料盖的吸尘器。

任务实施

一 任务准备

本任务采用工学一体化教学模式,按照学生 30 人,每组 5 人,每组任命 1 名小组长,进行具体任务的分工和工量具的清点(表 4-11)。

任务准备清单   表 4-11

实训项目	实训器材	说明	数量
更换动力蓄电池	比亚迪秦 EV	—	6
	绝缘垫	通用	6
	绝缘手套	通用	6
	护目镜	通用	6
	安全帽	通用	6
	危险警示牌	通用	6

二 实施步骤

1. 首先完成作业前准备工作(表 4-12)。

作业前准备   表 4-12

作业前准备	①检查隔离栏、设置安全警示牌、灭火器
	②车辆防护
	③车辆预检
	④安全检查:绝缘手套、鞋　性能:_____　耐压等级:_____

2. 拆装动力蓄电池,填写相应的操作步骤、操作内容及实施过程。

(1)按流程完成纯电动汽车高压断电,并记录相关信息。

①关闭点火开关,将钥匙安全存放,断开低压蓄电池负极并作绝缘处理。

点火开关位置:□Lock　　□Start　　□ACC　　□On

钥匙存放位置:□主修人　□安全柜　□监护人

蓄电池负极拆卸工具:_____

负极桩头绝缘处理:□绝缘防尘帽　□绝缘胶带

②拆卸维修开关。

拆卸时需佩戴手套:□白线手套　□绝缘手套

维修开关解锁方法:_____

检修开关安全存放:□主修人　□安全柜　□监护人

③调整汽车举升机支点,水平举升车辆至合适位置,拆卸动力蓄电池连接器遮板。

举升机名称:＿＿＿＿＿＿＿＿＿＿

支点数量:□有　□无

车辆底端是否有凹槽:＿＿＿＿＿＿＿＿＿＿

车辆高度:□比维修人员高　□比维修人员低

车辆升起后锁止方法:□推动车辆,确保其无晃动　□按压举升机下降,直到车辆保险锁住。

④拆卸动力蓄电池高、低压线束并绝缘处理高压端。

动力蓄电池高低压线束断开顺序:＿＿＿＿＿＿＿＿＿＿

低压插接件解锁方法:＿＿＿＿＿＿＿＿＿＿

高压插接件解锁方法:＿＿＿＿＿＿＿＿＿＿

测量动力蓄电池端高压正负极插接件电压:

残余电荷释放方式:□静置5min　□验电放电

(2)拆卸前检查动力蓄电池底部,并记录数据。

底部表面检查:□划痕　□锈蚀　□凹陷　□完好

慢充线束检查:□破损□裂纹　□松动　□完好

(3)将动力蓄电池举升车推至电池底部合适位置,锁止脚轮,连接气源后检查举升车性能。

举升车脚轮锁止个数:□1　□2　□3　□4

举升车停好后锁止状态:□打开　□锁止

举升车上升方式:□水平上升　□倾斜上升

电池举升车托盘:□举升正常　□举升卡滞

支点与电池底部接触情况:　□留有空隙　□轻微接触　□稍有受力

(4)按顺序拆卸动力蓄电池固定螺栓,缓慢降下动力蓄电池。

底盘电池固定螺栓数量:□8　□10

底盘电池螺栓拆卸顺序:＿＿＿＿＿＿＿＿＿＿

定位销安装位置:□左前　□左后　□右前　□右后

检查电池箱体外壳:□完好　□破损　□裂纹

记录动力蓄电池编码:＿＿＿＿＿＿＿＿＿＿

(5)拆卸完毕,检查电池舱,按照与拆卸相反的顺序安装动力蓄电池。

(6)降下车辆,移出举升机支臂,起动车辆并上电检查车辆是否正常。

车钥匙位置:□Lock　□Acc　□On　□Start

车辆仪表信息显示:挡位＿＿＿＿＿＿＿　续航:＿＿＿＿＿＿＿

SOC:＿＿＿＿＿＿＿

Ready 指示灯:□点亮　□熄灭

(7)作业完毕恢复设备,并执行现场5S管理。

三 任务实施考核(表4-13)

活动评价表　　　　　　　　　　　　　　　　　　　表4-13

班级:　　　　　　　　　　组别:　　　　　　　　　　姓名:

项目	评价内容	分数 (分)	评价指标		
			自评	互评	教师评价
关键能力考核项目(30%)	遵守纪律、遵守学习场所管理规定,服从安排	5			
	安全意识、责任意识,5S管理意识,注重节约、节能与环保	5			
	学习态度积极主动,能参加实习活动安排	7			
	团队合作意识,注重沟通,能自主学习及相互协作	8			
	仪容仪表符合活动要求	5			
专业能力考核项目(70%)	按时按要求完成实施任务	40			
	工具、设备选择得当,使用符合技术要求	10			
	操作规范,符合要求	5			
	学习准备充分,齐全	10			
	注重工作效率与工作质量	5			
总分		100			
小组评价			组长签名:		
教师评语			教师签名:		

📖 知识拓展

便携式氢能源胶囊电池是什么"黑科技"?

氢燃料胶囊电池的原理是氢氧电化学反应产生电力驱动,能源转换达到80%,不排放尾气,而且燃烧之后也只剩下对环境没有任何污染的水。氢燃料胶囊电池的优势在于更换便捷,如某车型尾部放置6个氢燃料罐,可分段更换,满气续航达800km,使用者到专门储氢站更换储氢胶囊即可,类似更换汽车备胎。

尽管目前应用较少,但氢燃料电池技术在我国交通领域的应用正逐渐拓展,氢燃料胶囊电池未来有望在更多领域得到应用,如氢燃料电池汽车、无人机等。近年来,我国在氢燃料电池领域的研发投入不断加大,取得了一定成果,如质子交换膜、催化剂等关键材料的国产化进程加快,降低了对进口产品的依赖,推动了氢燃料电池技术的自主可控发展,为氢燃料胶囊电池的发展提供了技术支持。

多地政府出台支持政策,推动氢能产业发展,加快加氢站等基础设施建设。如成都已聚集了一汽丰田、成都客车等氢能源车生产企业,具备多种车型生产能力,建成加氢站5座。氢燃料胶囊电池面临着氢气制取、储存和运输成本高,加氢设施不足,以及燃料电池的耐久性和可靠性有待提高等共性问题。但随着技术进步和基础设施的完善,其有望为我国新能源领域发展提供新动力,推动能源转型和可持续发展。

巩固练习

一、选择题

1.动力蓄电池更换过程中,对电池连接螺栓的扭矩要求是( )。
  A.凭经验拧紧   B.比规定扭矩稍大
  C.严格按照规定扭矩拧紧   D.比规定扭矩稍小

2.更换动力蓄电池时,以下哪种操作可能导致电池损坏( )。
  A.在断电后等待一段时间再操作   B.用湿布擦拭电池表面
  C.使用专用工具拆卸   D.轻拿轻放电池

3.拆卸动力蓄电池时,最后断开的应该是( )。
  A.高压正极端子   B.高压负极端子
  C.低压控制线   D.接地端子

4.新的动力蓄电池安装到位后,首先要进行的操作是( )。
  A.连接高压线缆   B.连接低压线缆
  C.检查电池固定情况 D.进行充放电测试

5.动力蓄电池更换后,发现车辆无法启动,最不可能的原因是( )。
  A.电池连接错误   B.车辆钥匙没电
  C.电池管理系统故障 D.高压线缆未连接好

二、填空题

1.动力蓄电池更换前应先将车辆置于_____状态。
2.拆卸动力蓄电池时,需要标记好各线缆的_____,以便正确安装。
3.动力蓄电池的绝缘电阻应不低于_____规定值,否则可能存在安全隐患。
4.更换动力蓄电池后,要对电池管理系统进行_____,确保其能正常工作。
5.在安装动力蓄电池的高压线缆时,必须确保线缆的_____良好,防止出现漏电现象。

三、简答题

1.简述动力蓄电池更换的基本流程。
2.动力蓄电池更换过程中,如何确保人员安全和电池安全?

项目五
动力蓄电池充电与回收利用

项目描述

　　动力蓄电池是纯电动汽车和混合动力电动汽车的核心部件,是车辆性能和价值的体现。本项目专注于动力蓄电池充电与回收利用领域,旨在为学生提供系统且深入的知识与实践体验,助力其全面掌握相关技术原理、工艺流程以及行业发展趋势,以满足新能源产业对专业人才的需求,包含以下 2 个任务:动力蓄电池充电及能量回收和动力蓄电池回收利用。

　　通过以上 2 个任务的学习,能够使学生理解动力蓄电池的充电特性;熟悉各类充电技术与设备,如快充、慢充的差异与应用场景;掌握电池回收利用的重要性、流程与方法,包括梯次利用与材料再生等环节;培养学生的实践操作能力、创新思维以及对新能源行业的责任感与使命感,使其具备在动力蓄电池及相关领域从事研发、生产、管理等工作的基本素养。

任务一　动力蓄电池充电及能量回收

任务描述

　　你所在 4S 店的销售顾问请你为客户介绍纯电动汽车日常充电的方式,你能完成这个任务吗?

学习目标

知识目标

1.能够描述新能源汽车充电系统的组成;

2.能够描述新能源汽车的充电方式及其特点;

3.能够描述新能源汽车充电操作的注意事项;

4.能够描述制动能量回收工作原理。

技能目标

1.能够进行充电操作;

2.能够更换车载充电器。

素质目标

1. 在动力蓄电池充电及能量回收相关工作中,始终遵循安全规范和环保要求,树立高度的安全意识和环保意识,确保操作过程无安全隐患,减少能源浪费和环境污染;

2. 培养团队协作精神,能够与小组其他成员有效沟通、密切配合,共同推进项目进展;

3. 养成服从管理、规范作业的良好工作习惯;

4. 具备持续学习和创新的意识,关注动力蓄电池技术领域的前沿动态,不断探索新的充电技术和能量回收策略,为提高动力蓄电池系统性能贡献自己的智慧和力量。

📖 学习内容

一 新能源汽车充电系统的结构组成

❶ 新能源汽车充电技术的概况

充电系统是新能源汽车主要的能源补给系统。新能源汽车,特别是纯电动汽车的充电技术,最关键的问题是如何实现高效快速充电。这关系到充电器的容量和性能、电网的承载能力和动力蓄电池的承受能力等。随着动力蓄电池本身的充放电速度的不断提高,充电系统的性能也在不断地改进,以满足在不同应用情况下的多种快速充电需求。

除了固定充电装置以外,电动汽车还带有车载充电器,可以在夜间从家里的市电插座进行充电,甚至还可以在用电高峰期把电力逆变后返送回电网。目前根据不同的汽车动力蓄电池电压和容量、充电速度要求,以及电网供电容量等因素的考量,固定充电器的容量一般在 15~100kW 的范围,输出电压一般为 50~500V。车载充电器容量则在 3kW 左右。

❷ 新能源汽车充电系统的组成

新能源汽车充电系统主要由充电桩、充电线束、车载充电器、高压控制盒、动力蓄电池、DC-DC 转换器、低压蓄电池以及各种高压线束和低压控制线束等组成。图 5-1 是新能源汽车充电系统示意图。

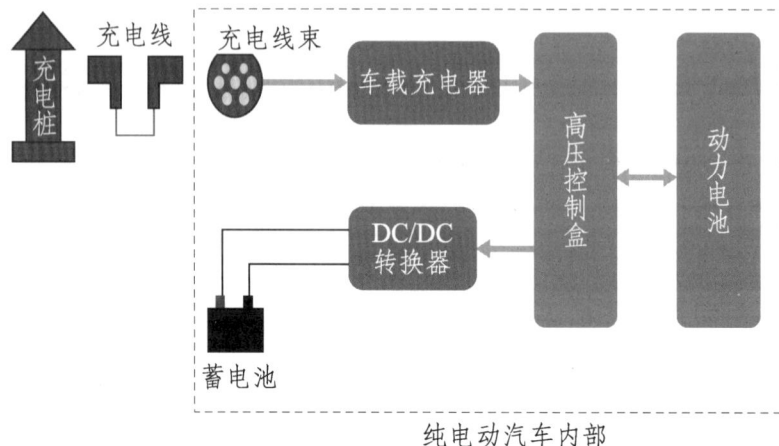

新能源汽车
快充与慢充

图 5-1 充电系统示意图

以下介绍新能源汽车充电系统主要组成部分:充电桩和车载充电器。

1)充电桩

充电桩作为新能源汽车充电系统的配套设施,有交流充电桩和直流充电桩两种。

(1)交流充电桩。

图5-2所示为交流电动汽车充电桩,俗称"慢充",固定安装在电动汽车外、与交流电网连接,为电动汽车车载充电器(即固定安装在电动汽车上的充电器)提供交流电源的供电装置。交流充电桩只提供电力输出,没有充电功能,需连接车载充电机为电动汽车充电。相当于只是起了一个控制电源的作用。

(2)直流充电桩。

如图5-3所示,直流电动汽车充电桩,俗称"快充",固定安装在电动汽车外,与交流电网连接,可以为非车载电动汽车动力蓄电池提供直流电源的供电装置。直流充电桩的输入电压采用三相四线 AC380V×(1±15%),频率50Hz,输出为可调直流电,直接为电动汽车的动力蓄电池充电。

2)车载充电器

车载充电器(On-board Charger),也称车载充电机,如图5-4所示。车载充电器是充电系统的重要组成部件。

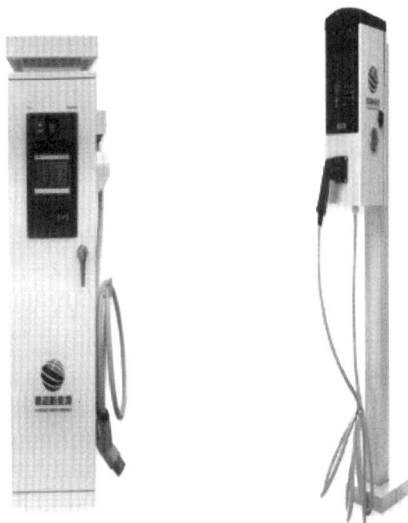

图5-2 交流充电桩　　图5-3 直流充电桩　　图5-4 车载充电器

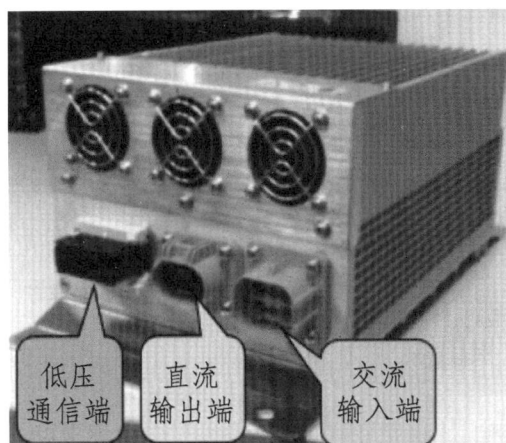

(1)车载充电器的功能。

车载充电器具备如下功能:

①车载充电器将输入的220V交流电转换成直流电输出,为动力蓄电池充电,实现动力蓄电池电量的补给。

②车载充电器工作过程需要与充电桩、BMS、VCU等部件进行通信。

③车载充电器根据动力蓄电池需求可调节输出功率。

④软关断功能。为了保证电源切断时,避免立即断电对电器模块造成大电压的冲击,增加了软关断控制器,给高压负载一个卸载时间。在钥匙从ON挡关闭时,高压电源会延迟3s断电。

（2）车载充电器的安装位置。

图5-5是比亚迪E6车载充电器及充电系统组成部件的安装位置。

有些厂家如北汽新能源生产的EV160,将车载充电器、DC-DC转换器、高压控制盒集成为一体(统称为PDU),如图5-6所示。

图5-5　比亚迪E6充电系统组成部件的安装位置

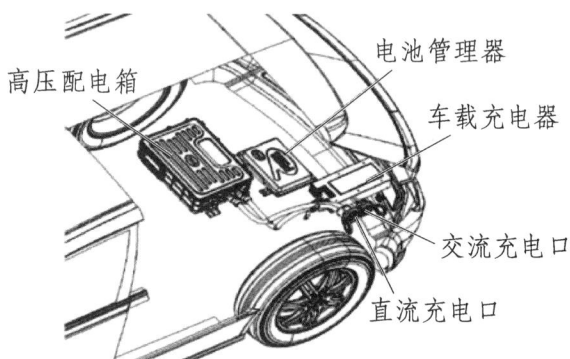

图5-6　北汽新能源的PDU

（3）车载充电器的电路。

图5-7是比亚迪E6充电系统电路图。

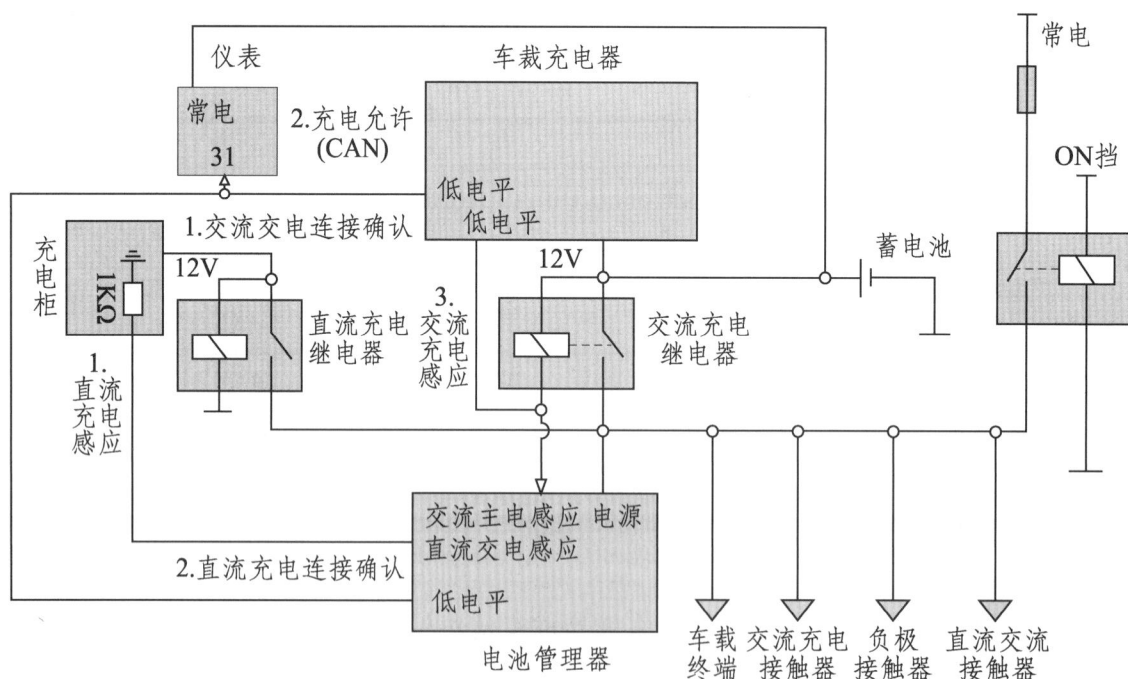

图5-7　比亚迪E6充电系统电路图

图5-8是比亚迪E6车载充电器的线束功能图。

图5-9是比亚迪E6车载充电器接线端子功能图。

（4）车载充电器技术参数。

比亚迪E6车载充电器的技术参数见表5-1。

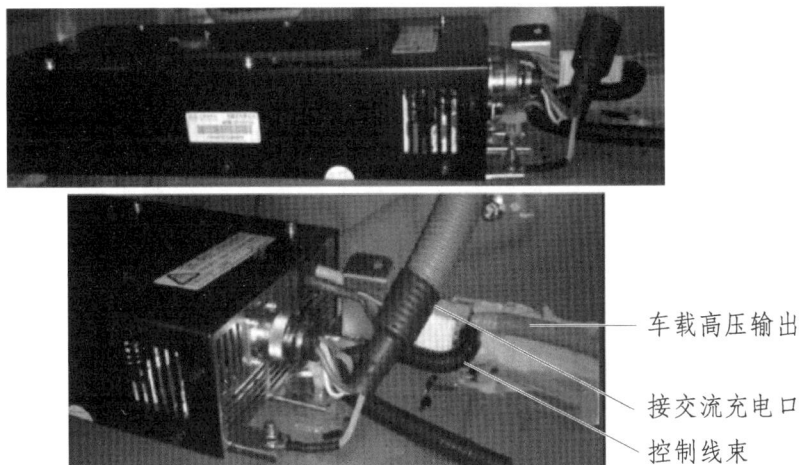

图 5-8　比亚迪 E6 车载充电器线束功能图

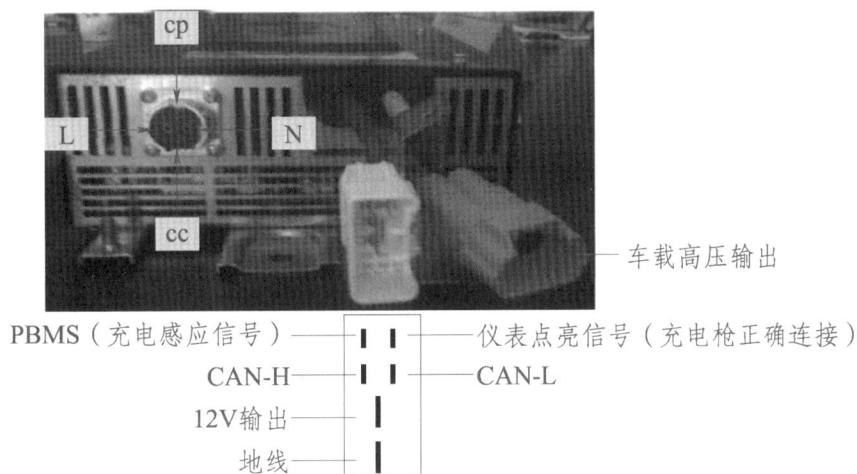

图 5-9　比亚迪 E6 车载充电器端子功能图

比亚迪 E6 车载充电器技术参数表　　　　　　　　　　表 5-1

项目	参数	备注
输入电压	220V/AC	—
输入电流	交流额定 14A	满功率充电:使用 16A 以上充电桩或类似设备
高压输出	200~400V/DC	给高压动力蓄电池充电
低压输出	12V/DC	给低压蓄电池充电

北汽 EV 系列车载充电器的技术参数如表 5-2 所示。

北汽车载充电的技术参数表　　　　　　　　　　表 5-2

项目	参数
输入电压	220V/AC
输出电压	240V/DC~410V/DC
功率	3.3kW
输入电流	12A
输出电流	8A

二 新能源汽车的充电方式

1 新能源汽车的充电方式

新能源汽车动力蓄电池充电的方式主要有快速充电（直流快充）和常规充电（交流慢充）。

直流快充与交流慢充方式的区别是：直流充电（快充）主要是通过充电站的充电桩将直流高压电直接通过直流充电口给动力蓄电池充电；交流充电（慢充）主要是通过家用电源插头和交流充电桩接入交流充电口，通过车载充电器将 220V 交流电转为 330V 直流电（比亚迪 E6 为例）为动力蓄电池进行充电。

在一些特定的情况下，可以为新能源汽车更换已经充满电的动力蓄电池，更换下来的电池再单独进行充电备用。

2 快速充电方式

快速充电又称直流快充或应急充电，是以较大直流电流短时间在电动汽车停车的 20min 至 2h 内，为其提供短时间充电服务，一般充电电流为 150 ~ 400A。快速充电模式的优点是充电时间短。但是，相对常规充电模式，快速充电也存在一定的缺点：

（1）"快充"实际并不快，而且降低动力蓄电池使用寿命。

由于受电池技术影响，目前电动汽车使用最多的就是锂电池。锂元素是比钠还要活跃的金属元素，快充易使锂元素太过活跃，从而使电池中的电解液发生沉淀，产生气泡现象，也就是平常人们所看到的电池身上易凸起"小包"，摸上去有手感发热等情况，严重的会导致电池爆炸等安全事故，因此，充电电流不宜过大。目前市面上各大厂商都在鼓吹其电动汽车快速充电时间在 10min 左右，实际上以目前技术来看都不现实。以比亚迪 E6 纯电动汽车为例，这款电动汽车采用磷酸铁锂电池，其快速安全充电模式充电时间仍然需要 2h。

电动汽车充电快慢与充电器功率、电池充电特性和温度等紧密相关。当前电池技术水平下，即使快充也需要 30min 充电到电池容量的 80%，超过 80% 后，为保护电池安全，充电电流必须变小，充到 100% 的时间将较长。此外，在冬天气温较低时，电池要求充电电流变小，充电时间会变得更长些。

传统加油站汽车加油整个流程为 5 ~ 8min 左右，充电站如果无法提供 15min 以内的快充服务，基本就失去了其社会基础建设的功能性。

（2）充电站成本较高，盈利模式值得商榷。

目前，直流充电方式的充电价格在 2 元/kW·h 左右。以一个充电站 1000kW 的容量计算，加上送变电设施、铺设专用电缆以及新建监控系统等，不包括建设用地成本，一个充电站的成本在 300 万 ~ 500 万元。

直流充电关键技术如下：

①高性能直流充电器技术：效率、谐波、使用寿命。

②直流充电环境适应性技术：宽的温度范围、户外使用时凝露、风沙防护等。

③安全防护技术:漏电、短路防护、误插拔防护、断线防护、倾倒防护、防误操作、防止带电插拔等。

④充电器的高互换性技术:物理接口、电气接口、通信协议的高度兼容互换。

⑤直流充电与电网的接口、有序充电以及与电网的互动技术。

❸ 常规充电方式

蓄电池在放电终止后,应立即充电,即使在特殊情况下也不应超过24h。常规充电电流相当低,约为15A,这种充电叫作常规充电(交流慢充或慢速充电)。常规蓄电池的充电方法都采用小电流的恒压或恒流充电,一般充电时间为5~8h,甚至长达10~20h。这种充电方式是利用车载充电器,接220V交流电即可。

1)常规充电适用情况

常规慢充的方式适用情况主要有:

(1)用户对电动汽车的行驶里程要求相对较低,车辆行驶里程能满足用户1天使用需要,利用晚间停运时间可以完成充电。

(2)由于常规慢充充电电流和充电功率比较小,因此在居民区、停车场和公共充电站都可以进行充电。

(3)规模较大的集中充电站,能够同时为多辆电动乘用车提供停车场地并进行充电。

2)常规充电优点

常规充电模式的优点如下:

(1)尽管充电时间较长,但因为所用功率和电流的额定值并不关键,因此充电器和安装成本比较低。图5-10为壁挂式交流充电桩,可安装在车库内使用。

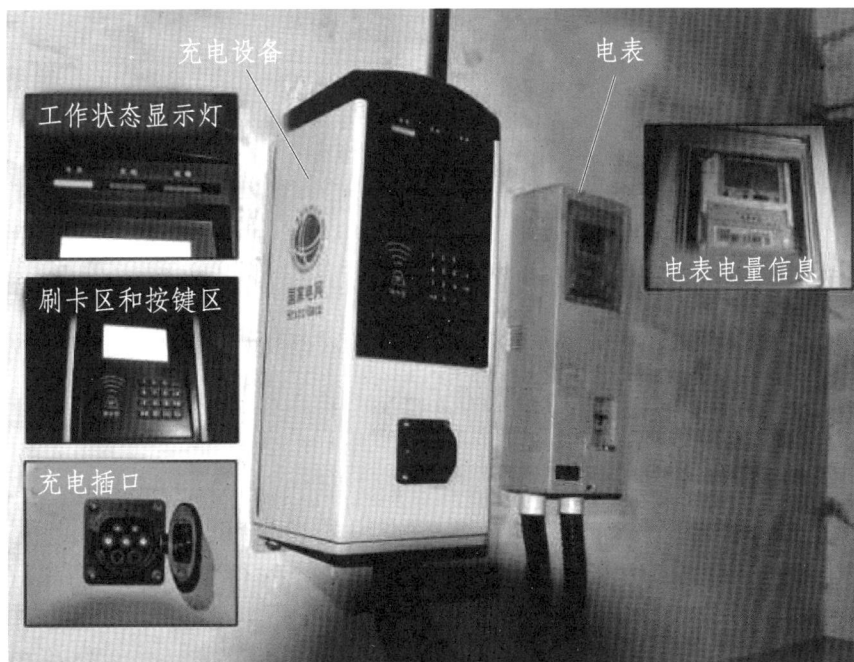

图5-10　壁挂式充电桩

(2)可充分利用电力低谷时段进行充电,降低充电成本。

(3)可提高充电效率和延长电池的使用寿命。

3）常规充电关键技术

常规交流充电关键技术如下：

（1）各种恶劣环境的适应性技术：高低温、高热、高湿、风沙、凝露、雨水；露天/市内使用等。

（2）充电安全防护技术：漏电、短路、误插拔防护、断线防护、倾倒防护、防误操作等。

（3）充电桩高互换性技术：物理接口、电气接口、通信协议等，实现充电桩和电动汽车充电的兼容互换。

（4）灵活的计量计费技术：与各种不同运营模式的结合。

（5）友好方便的人机交互技术：适应不同层次、不同水平的操作者。

（6）充电桩的运行管理与综合监控。

（7）有序充电及与电网的互动技术。

❹ 更换电池方式

充电难、充电时间长、续航里程短的问题，一直困扰着新能源汽车用户。

直接更换电动汽车的电池组时需要考虑的是：由于动力蓄电池组重量较大，更换电池的专业化要求较强，需配备专业人员借助专业机械来快速完成电池的更换、充电和维护。采用这种方式具有如下优点：

①电动汽车用户可租用充满电的蓄电池，更换需要充电的蓄电池，有利于提高车辆使用效率，也提高了用户使用的方便性和快捷性。

②对更换下来的蓄电池可以利用低谷时段进行充电，降低了充电成本，提高了车辆运行经济性。

③从另一个侧面来看，也解决了充电时间乃至蓄存电荷量、电池质量、续驶里程不足及价格高等难题。

④可以及时发现电池组中单元电池的故障，对于电池的维护工作将具有积极意义。电池组放电深度的降低也将有利于提高电池的寿命。

应用这种方式面临的几个主要问题是：电池与电动汽车的标准化；电动汽车的设计改进、充电站的建设和管理，以及电池的流通管理等。

三 新能源汽车充电操作注意事项

❶ 充电电源选择注意事项

由于技术和工艺的限制，目前电动汽车车载充电器功率都比较小，一般为3kW左右，采用220V家用电的电流约为16A，而一般情况下入户电流容量最大不超过16A，因此家用电缆会因过载工作而有可能引起火灾（图5-11）。

❷ 交流充电（慢充）充电桩和充电口选择注意事项

1）慢充充电桩

慢充充电的充电桩如图5-12所示。主要技术参数见表5-3。可以采用落地安装的停车位桩体式(250V/AC 32A/16A)和家用车库挂壁式(250V/AC 16A)充电桩,也可以采用家用插座交流充电器(240V/AC 8A),如图5-13~图5-15所示。

图 5-11　私拉电线安全隐患

图 5-12　慢充充电桩

慢充充电桩主要技术参数　　　　　　　　　　　　　表 5-3

项目	参数	项目	参数
充电连接器	IEC/GB	安装	落地安装 挂壁安装
人机界面	LCD/LED/VFD 键盘	通信	RS485/2G/3G
计费装置	RFID/IC card	环境温度	-20~50℃
供电	220V×(1±10%) 50Hz×(±1)	环境湿度	5%~95%
输出电压	单相 AC220V×(1±10%)	海拔	≤2000m
输出电流	≤32A	平均无故障工作时间	≥8760h
IP	IP55	—	—

图 5-13　停车位桩体式充电桩

图 5-14　家用车库壁挂式充电桩

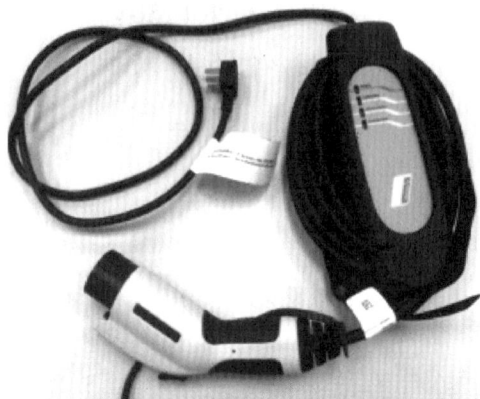

图 5-15 家用插座交流充电器

2) 慢充充电口

慢充充电口在实车上的位置如图 5-16 所示。

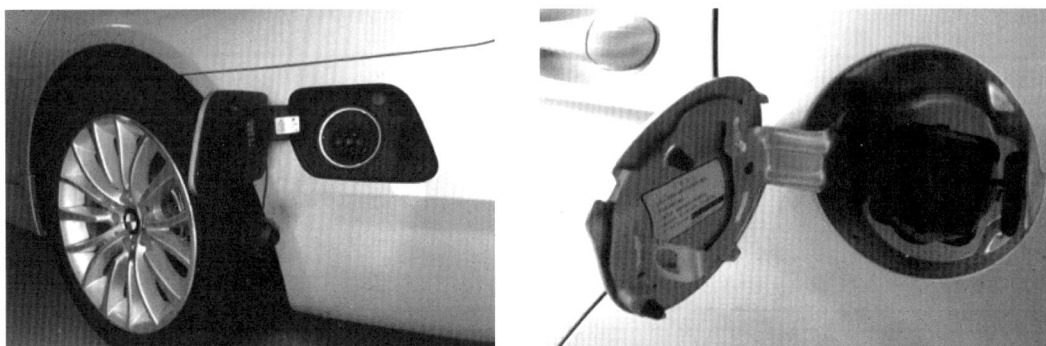

图 5-16 慢充充电口的位置

❸ 直流充电(快充)充电桩和充电口选择注意事项

1) 快充充电桩

直流充电的充电桩和主要技术参数如图 5-17 所示。

内容	技术指标
额定输出电压	DC750V(200~750V)
额定输出电流	DC100A/250A/400A
输出稳压精度	≤±0.5%
输出稳流精度	≤±1%
功率因数	≥0.99(含 APFC)
效率	≥93%(半载以上)

图 5-17 直流充电的充电桩和主要技术参数

2) 快充充电口

快充充电口在实车上的位置如图 5-18 所示。

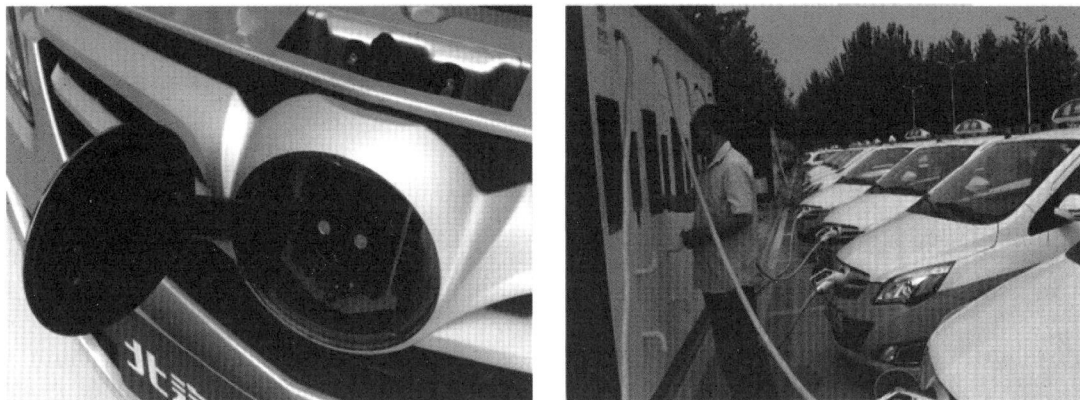

图 5-18　快充充电口在实车上的位置

❹ 充电时的注意事项

（1）混合动力车辆插有充电电缆时不要加油，与易燃物品保持充足安全距离。否则，未按规定插入或拔出充电电缆时，存在因燃油燃烧等导致人员受伤或物品损坏的危险。

（2）通过家用插座为高电压动力蓄电池充电会导致插座上出现较高持续负荷，因此必须遵守以下说明：

①不要使用适配器或延长电缆。

②充电结束后首先拔出车上的充电插头，然后再拔出墙上的充电插头。

③避免绊倒危险以及充电电缆和插座机械负荷。

④不要将充电插头插在损坏的插座上。

⑤不要使用损坏的充电电缆。

⑥为高电压动力蓄电池充电时，充电插头和充电电缆可能会变热。如果变得过热，则充电插座不适用进行充电或充电电缆已损坏，应立即中止充电并让电气专业人员进行检查。

⑦反复出现充电故障或中断情况时，联系具有资质的维修人员。

⑧仅使用防潮和防侵蚀的插座。

⑨不要用手指或物体接触插头触点区域。

⑩切勿自行维修或改进充电电缆。

⑪进行清洁前将电缆两侧均拔出，注意电缆不要浸入液体内。

⑫充电期间不允许进行自动洗车。

⑬仅在经过电气专业人员检查的插座上进行充电。

⑭在不了解基础设施/插座上充电时，遵守用户手册内的特殊说明。在车上将充电电流设置为"较低"。

四　制动能量回收功能

❶ 定义

制动能量回收也叫再生制动，是指电动汽车、混合动力汽车在减速、下坡过程中，车辆部分动能、势能通过制动系统转化成热能散发到大气中，部分能量在制动或惯性滑行中被回收并通过发电机将其转化为电能，再储存在蓄电池中。

❷ 功用

制动能量回收可以减少制动盘的消耗、增加汽车的续驶里程、增大能量利用率,对于环保、节能减排、减少能源消耗有重要意义。

纯电动汽车处于紧急制动或大强度制动时,单纯靠电机的再生制动很难保证行车安全,因此车辆必须保留机械制动系统,所以纯电动汽车的制动系统是传统机械式制动系统与电机再生制动的复合系统。关键问题是协调控制机、电复合制动力的比例关系,系统工作时应满足:

(1)为保证驾驶人能通过踩制动踏板合理控制车速,并有一定的制动感受,制动模式在发生改变时产生的冲击应控制在一定范围内,保证驾驶舒适性。

(2)为保证车辆行驶安全,应根据实际情况合理控制作用在驱动轮上的机、电复合制动力的比例关系。此外,为了防止车轮发生抱死、侧滑等危险情况,施加在前后轴上的最大制动应满足 ECE 法规规定。

(3)根据电机、动力蓄电池的规格限制,为保证动力系统安全,提高能量利用率,应考虑动力蓄电池组最大允许充电功率及电机的发电能力。

五 制动能量回收工作原理

制动能量回收的工作原理就是,汽车减速制动时将其动能经过传动装置传递给电机,然后电机在制动控制器的作用下以发电模式工作,将汽车的动能转变为电能,给储能装置充电。

由于电动机产生的再生制动力矩通常达不到传动燃油车中的制动系统产生的制动性能,所以在电动汽车中,制动能量回收系统包括液压制动和再生制动两个子系统(原理简图如图5-19所示),同时涉及整车控制器、变速器、差速器和车轮等相关部件,电制动系统包含驱动电机及其控制器、高压电池和电池管理系统、电机控制器用于控制驱动电机工作于发电状态,施加回馈制动力;电池管理系统控制电能回收于电池;液压控制系统包括液压制动执行机构和制动控制器,用于控制摩擦制动力的建立与调节。

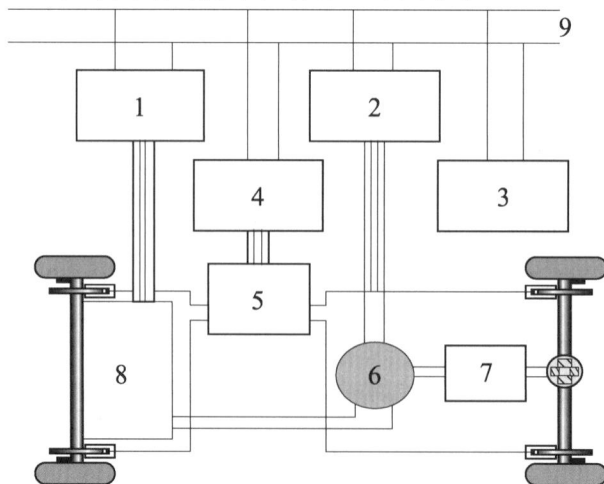

图 5-19　能量回收原理

1-蓄电池管理系统;2-电机控制器;3-整车控制器;4-制动控制器;5-ABS 液压控制单元;6-驱动电机;7-变速器;8-动力蓄电池;9-数据总线

六 能量回收功能测试

1 制动时的能量回收测试

制动时的能量回收是指回收汽车的动能,能量回收系统将车辆的动能转化为电能给动力蓄电池充电。能量回收功能测试需要经验丰富的驾驶人在实车上进行操作,场地要求为空旷的、行人少的路段。测试的具体步骤如下:

(1)打开车门,驾驶人上车;

(2)关闭车门,系好安全带;

(3)驾驶人踩下制动踏板,并松开驻车制动器;

(4)将点火开关置于 ON 挡位;

(5)将电子换挡旋钮由 N 挡位旋至 D 挡位;

(6)逐渐松开制动踏板,车辆开始行驶;

(7)踩下加速踏板,加速至较高车速;

(8)松开加速踏板、踩下制动踏板;

(9)进行观察:仪表盘功率表显示为负;信息显示屏能量流观察界面下,能量流方向由车轮回流至动力蓄电池。

在此过程中可以通过解码仪进入 BMS 模块,读取数据流,查看能量回收时的充电电流;也可以进入驱动电机模块,读取数据流,查看能量回收时电机的制动功率及制动扭矩。

"确定"按键进入菜单栏,选择能量回馈强度设置,可以通过转向盘上的"选择"按键、设置能量回馈强度为"标准"或"较大";再进行能量回收功能测试,体验两种模式之间的不同,并通过读取的数据流进行对比。

2 下长坡时的能量回收测试

下长坡时的能量回收是指回收汽车的重力势能,能量回收系统将汽车的重力势能转化为电能给动力蓄电池充电。

下长坡时的能量回收测试需要经验丰富的驾驶人在实车上进行操作,场地要求为空旷行人少的下长坡路段。测试的具体步骤如下:

(1)将车辆开到下长坡路段;

(2)逐渐松开制动踏板,车辆在重力的作用下缓慢加速;

(3)进行观察:仪表盘功率表显示为负;信息显示屏能量流观察界面下,能量流方向由车轮回流至动力蓄电池。在此过程中,可以通过解码仪进入 BMS 模块读取数据流,查看能量回收时的充电电流;也可以进入驱动电机模块,读取数据流,查看能量回收时电机的制动功率及制动扭矩。

可以通过设置能量回馈强度为"标准"或"较大";再进行下长坡时的能量回收测试,体验两种模式之间的不同,并通过读取的数据流进行对比。

需要注意的是,在此过程中驾驶人要防止车辆速度过快而出现危险。

任务实施

一 任务准备

本任务采用工学一体化教学模式,按照学生 30 人,每组 5 人,每组任命 1 名小组长,进行具体任务的分工和工量具的清点(表 5-4)。

任务准备清单   表 5-4

实训项目	实训器材	说明	数量
认识快慢充零件组成	比亚迪秦 EV	—	6
	绝缘垫	通用	6
	绝缘手套	通用	6
	护目镜	通用	6
	安全帽	通用	6
	危险警示牌	通用	6

二 实施步骤

1 认识慢充零件组成

慢充系统主要由充电枪、慢充接头、PDU 总成、动力蓄电池、整车控制器、高压线束和低压控制线束等。

1)慢充接头(图 5-20)

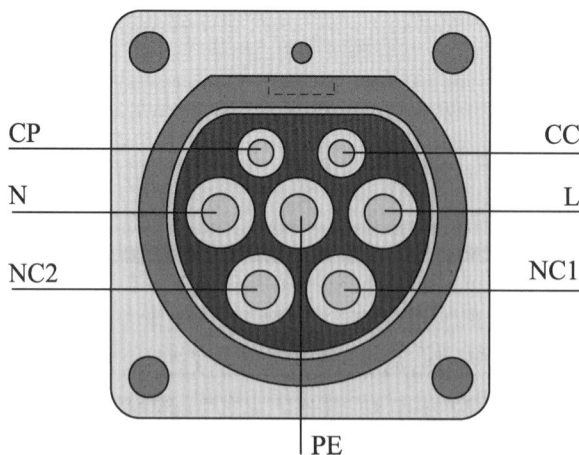

图 5-20　慢充接头(交流充电)

(1)CC 为充电连接确认:0～30V 2A。

车辆控制装置通过 CC(检测点 3)与 PE(车身地)之间的电阻来判断车辆插头是否与车辆插座完全连接。

（2）CP 充电控制引导:0～30V 2A。

车辆控制装置通过 CP（检测点2）的 PWM 占空比确认当前供电设备支持的最大充电电流。

（3）L 端子为交流电源（单相、三相）:单相 250V、10A、16A、32A;三相 440V、16A、32A、63A。

（4）NC2 端子为交流电源（三相）:三相 440V、16A、32A、63A。

（5）NC3 端子为交流电源（三相）:三相 440V、16A、32A、63A。

（6）N 为中线（单相、三相）:单相 250V、10A、16A、32A;三相 440V、16A、32A、63A。

（7）PE 为保护地线。

2）充电条件要求

（1）充电线连接确认信号正常;

（2）充电机供电电源正常（含 220V 和 12V）及充电机工作正常;

（3）充电唤醒信号输出正常（12V）;

（4）充电机、VCU、BMS 之间通信正常（主继电器闭合、发送电流强度需求）;

（5）动力蓄电池电芯温度 >0℃且 <45℃;

（6）单体电池最高电压与最低电压差 <0.3V（300mV）;

（7）单体电池最高温度与最低温度差 <15℃;

（8）绝缘性能 >20MΩ;

（9）实际单体最高电压不大于额定单体电压 0.4V;

（10）高、低压电路连接正常（远程控制开关关闭状态）。

❷ 认识快充零件组成

快充系统主要由:充电设备（充电桩）、快充接头、PDU 总成、动力蓄电池、整车控制器、高压线束和低压控制线束等。

1）快充接头（图5-21）

（1）DC + 为直流电源正:750/1000V、80A/125A/200A/250A。

（2）DC - 为直流电源负:750/1000V、80A/125A/200A/250A。

（3）PE 为保护接地。

（4）S + 为充电通信 CAN-H:0～30V 2A。

（5）S - 为充电通信 CAN-L:0～30V 2A。

（6）CC1 为充电确认线:0～30V 2A。

（7）CC2 为充电确认线:0～30V 2A。

（8）A + 为低压辅助电源正:0～30V 2A。

（9）A - 为低压辅助电源负:0～30V 2A。

2）充电条件要求

（1）充电线连接确认信号正常;

（2）BMS 供电电源正常（12V）;

（3）充电唤醒信号输出正常（12V）;

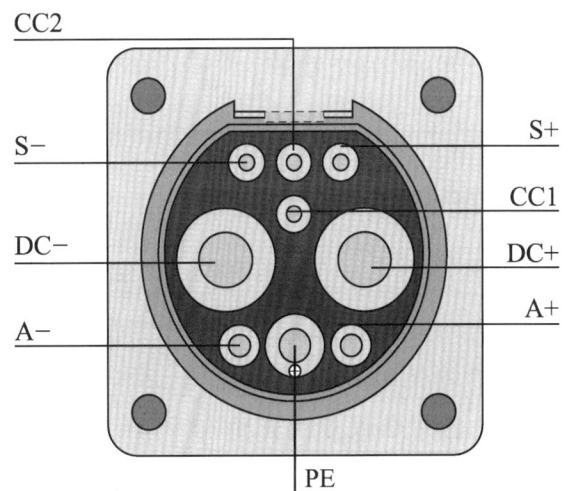

图 5-21　快充接头（直流充电）

（4）充电桩、VCU、BMS之间通信正常（主继电器闭合、发送电流强度需求）；

（5）动力蓄电池电芯温度>5℃且<45℃；

（6）单体电池最高电压与最低电压差<0.3V（300mV）；

（7）单体电池最高温度与最低温度差<15℃；

（8）绝缘性能>20MΩ；

（9）实际单体最高电压不大于额定单体电压0.4V；

（10）高、低压电路连接正常（远程开关关闭状态）。

三 任务实施考核（表5-5）

活动评价表　　　　　　　　表5-5

班级：　　　　　　组别：　　　　　　姓名：

项目	评价内容	分数（分）	评价指标		
			自评	互评	教师评价
关键能力考核项目（30%）	遵守纪律、遵守学习场所管理规定,服从安排	5			
	安全意识、责任意识,5S管理意识,注重节约、节能与环保	5			
	学习态度积极主动,能参加实习活动安排	7			
	团队合作意识,注重沟通,能自主学习及相互协作	8			
	仪容仪表符合活动要求	5			
专业能力考核项目（70%）	按时按要求完成实施任务	40			
	工具、设备选择得当,使用符合技术要求	10			
	操作规范,符合要求	5			
	学习准备充分,齐全	10			
	注重工作效率与工作质量	5			
总分		100			
小组评价			组长签名：		
教师评语			教师签名：		

知识拓展

车企的快充技术研发与应用

党的二十大强调创新驱动发展,众多车企积极响应,大力研发快充技术并应用于产品。如宁德时代的神行超充电池、欣旺达的闪充电池等,10min可实现快充400km。极氪全新001麒麟电池板最大充电倍率4C,15min可从10%充至80%,充电5min续航增加210km。这些成果满足了人们对新能源汽车快速充电的需求,推动了新能源汽车产业的发展,体现了科技创新对动力蓄电池充电领域的推动作用。

巩固练习

一、选择题

1.(　　)只提供电力输出,没有充电功能,需连接车载充电机为电动汽车充电。相当于只是起了一个控制电源的作用。

　　A. 交流充电桩　　　　　　　　B. 直流充电桩

　　C. 车载充电器　　　　　　　　D. DC-DC 转换器

2.(　　)是以较大直流电流短时间在电动汽车停车的20min 至2h,为其提供短时间充电服务,一般充电电流为150～400A。

　　A. 慢速充电　　　　　　　　　B. 直流快充

　　C. 常规充电　　　　　　　　　D. 交流快充

3.制动能量回收可以(　　)。

　　A. 减少制动盘的消耗　　　　　B. 增加汽车的续驶里程

　　C. 增大能量利用率　　　　　　D. 增加能源消耗

二、填空题

1.新能源汽车充电系统主要由＿＿＿＿＿＿、＿＿＿＿＿＿、＿＿＿＿＿＿、高压控制盒、动力蓄电池、DC-DC 转换器、低压蓄电池以及各种高压线束和低压控制线束等组成。

2.新能源汽车动力蓄电池充电的方式主要有＿＿＿＿＿和＿＿＿＿＿两种。

3.＿＿＿＿＿＿主要是通过充电站的充电桩将直流高压电直接通过直流充电口给动力蓄电池充电。

4.＿＿＿＿＿＿主要是通过家用电源插头和交流充电桩接入交流充电口,通过车载充电器将交流电转为直流电给动力蓄电池进行充电。

5.＿＿＿＿＿＿是指电动汽车、混合动力汽车在减速、下坡过程中,车辆部分动能、势能通过制动系统转化成热能散发到大气中,部分能量在制动或惯性滑行中被回收并通过发电机将其转化为电能,再储存在蓄电池中。

三、简答题

1.简述新能源汽车充电类型及特点。

2.简述制动能量回收原理。

任务二　动力蓄电池回收利用

任务描述

　　某新能源汽车4S 门店的小李接到公司新安排的工作项目,需要协助车间主管,联络相关动力蓄电池回收企业进行维修,公司需要小李全程参与此项工作,工作完成之后,小李还要写一份动力蓄电池回收的技术标准。

学习内容

一 新能源汽车的动力蓄电池回收的重要性及回收流程

1 电池回收的重要性

《新能源汽车产业发展规划(2021—2035 年)》的发布,预示着新能源汽车产业将向更高质量发展。随着电动汽车在我们生活中的使用越来越广泛,一些可持续发展的问题也相继出现,其中废旧电池的处理问题变得越发重要。电池是新能源汽车中耗材较多、价格较为昂贵的零部件,其回收再利用对于资源节约和环境保护至关重要。

1)资源回收利用方面

(1)稀有金属再利用:动力蓄电池中含有多种稀有金属,如锂、钴、镍等。这些金属资源在全球范围内分布不均且开采难度较大。通过回收废旧动力蓄电池,可以有效提取和再利用这些稀有金属,缓解资源短缺的压力。例如,从废旧电池中回收的锂可重新用于制造新的电池,减少对锂矿开采的依赖。

(2)降低原材料成本:回收利用废旧电池能够为电池生产企业提供价格相对较低的原材料。这有助于降低电池生产成本,进而降低新能源汽车等使用动力蓄电池产品的价格,推动新能源产业的发展。

2)环境保护角度

(1)减少重金属污染:动力蓄电池中含有的重金属(如铅、镉等)如果随意丢弃或处理不当,会对土壤、水体和大气环境造成严重污染。例如,铅会在土壤中积累,通过食物链进入人体,危害人体神经系统和造血系统等。回收废旧电池可以避免这些重金属进入环境,减少污染风险。

(2)降低化学物质泄漏危害:电池中的电解液等化学物质具有腐蚀性和毒性。如果废旧电池在自然环境中发生破损,电解液泄漏会对周边生态系统造成破坏。合理的回收处理能够防止这些化学物质泄漏,保护生态环境。

3)产业可持续发展层面

(1)完善产业闭环:动力蓄电池回收是新能源汽车产业和电池产业可持续发展的关键环节。它可以完成从电池生产、使用到回收再利用的完整产业链闭环,提高产业的整体稳定性和竞争力。

(2)推动技术创新:回收过程需要先进的技术来提高回收效率、降低成本和减少污染。这就促使企业和科研机构加大在电池拆解、材料提取和再利用等技术方面的研发投入,推动整个产业的技术创新和进步。

4)社会和经济价值体现

(1)创造就业机会:动力蓄电池回收产业的发展会带动一系列相关产业,如电池拆解、材料回收加工等,从而创造大量的就业机会,包括技术工人、研发人员和管理人员等岗位。

(2)符合循环经济理念:回收废旧动力蓄电池是循环经济的重要实践,有助于实现资源的高效利用和经济的可持续增长,符合社会的长期利益和发展要求。

❷ 回收流程

1)收集废旧电池

从新能源汽车拆解厂、电池租赁公司等渠道收集退役的动力蓄电池,这是回收流程的起点。然后,运输环节要使用专业的运输工具,这些工具需要有防止电池短路、碰撞等保护措施,确保电池在运输过程中的安全。

2)检测和分类

利用专业设备检测电池的容量、内阻等关键指标。根据检测结果,将电池分为可梯次利用电池和需再生利用电池。可梯次利用电池是指那些虽然不能满足汽车动力使用,但还能应用在对电池性能要求较低的领域(如储能系统)的电池;而需再生利用电池主要是那些性能严重下降的电池。

对于可梯次利用电池,要进行重组。将性能相近的电池重新组合成电池组,用于储能系统等合适的场景。

对于需再生利用电池,要进行拆解。在专业环境下拆解电池,分离出正极、负极、电解液和隔膜等组件。然后对这些组件进行再生处理,例如通过化学方法提取有价值的金属材料(如锂、钴、镍等),这些材料经过提纯后可以重新用于电池生产。

二 动力蓄电池回收技术与方法

❶ 物理修复再生技术(图5-22)

(1)梯次利用:将从新能源汽车上退役下来的电池,经过检测、筛选、重组等工序,应用到对电池性能要求较低的领域,如储能系统、低速电动车等。比如,一些通信基站的备用电源就使用梯次利用后的动力蓄电池,在对能量密度要求不高的场景下继续发挥作用。

(2)拆解与重组:把回收的电池进行拆解,将电池模块、电池单体等部件分离出来,然后对完好的电池单体重新组合,恢复部分电池性能,再次用于合适的设备中。

图 5-22　物理修复再生技术

❷ 化学回收技术

1)湿法回收(图 5-23)

(1)酸浸出法:使用酸性溶液(如硫酸、盐酸等)将电池中的有价金属(如锂、钴、镍等)浸出,使其从固体电极材料中转移到溶液中。然后通过沉淀、萃取、离子交换等方法从溶液中分离和提纯有价金属。例如,在硫酸浸出体系中,钴、镍等金属会以离子形式进入溶液,后续可以通过添加沉淀剂使它们分别沉淀出来。

(2)碱浸出法:利用碱性溶液浸出电池材料中的金属元素。这种方法相对较为环保,但浸出效率和适用范围可能有限。

2)火法回收(图 5-24)

图 5-23　湿法回收　　　　图 5-24　火法回收

通过高温焚烧使电池中的有机物分解,金属及其化合物被还原或氧化后以合金或氧化物的形式存在,然后通过后续的冶金工艺(如熔炼、精炼等)分离和回收有价金属。不过,这种方法能耗较高,并且可能会产生有害气体等污染物。

三 动力蓄电池回收现状研究

1 我国动力蓄电池的现状

2018 年和 2019 年,我国动力蓄电池的装机总量分别达到 569GW·h 和 62.2GW·h。而在 2013 年,我国动力蓄电池的装机量仅有 0.73GW·h,6 年增长了约 88 倍。2019 年,我国全年的新能源汽车的产量、销量分别为 124.2 万辆和 120.6 万辆。

动力蓄电池在容量低于标称容量的 80% 后,便不再适合新能源汽车使用,需要更换。一般来说,动力蓄电池的使用寿命为 5~8 年。这表明我国新能源汽车电池即将迎来大规模退役,预计规模可达 25GW·h。如将这些电池全部报废,无疑是对资源的浪费。针对这些退役电池,当前的处理办法有两种:①将性能表现良好的电池包(容量大于40%)拆解后用于其他领域,对退役电池进行梯次利用;②将退役电池(容量小于40%)直接拆解,回收其中的贵重金属,重新制成电池的原材料。这两种方式都可以节约资源和保护环境。

2 国家政策分析

动力蓄电池退役后可进行梯次利用,一般用于通信基站、发电站或一些低速电动车等领域,具有较大的利用价值。动力蓄电池的梯次利用,符合环保的 4R(减少使用 Reduc、重复使用 Replace、循环使用 Recycle 和回收利用 Reuse)原则,因此我国也发布了许多指导性文件,引导退役电池梯次利用的发展进程。

《关于加快新能源汽车推广应用的指导意见》(国办发〔2014〕35 号)提出了动力蓄电池退役后可进行回收利用的政策,鼓励建立电池回收产业。此后,企业对电池回收利用的研发投入逐渐加大。

国家发展改革委等组织制定的《电动汽车动力蓄电池回收利用技术政策(2015 年版)》规定了相关生产企业的责任,电动汽车、电池及梯次利用电池生产企业,应分别承担主要责任,对各自生产或使用的动力蓄电池进行回收利用,报废汽车上的电池应由报废汽车回收、拆解企业回收。该政策鼓励设计标准化的动力蓄电池结构,提高通用性,便于退役后的梯次利用,提出动力蓄电池编码制度、动力蓄电池回收网络建设概念,为退役电池梯次利用的发展提供较好的支持。

《新能源汽车动力蓄电池回收利用管理暂行办法》(工信部联节〔2018〕43 号)确定不同生产者的责任延伸制度,开展动力蓄电池在服役期间的管理,建立溯源系统,推动创新发展市场机制和回收利用模式,明确监督管理措施等,实现资源利用效益最大化。

对电池溯源管理,我国组织开发了"新能源汽车国家监测与动力蓄电池回收利用溯源综合管理平台",以监控和采集动力蓄电池在生产、交易、使用、处理、回收及梯次利用的过程信息,为梯次利用提供更多的溯源信息支持。

我国需要加强对动力蓄电池梯次利用的行业管理,提高企业对退役电池回收再利用的水平。《新能源汽车废旧动力蓄电池综合利用行业规范条件(2024 年本)》的发布,弥补了企业在梯次利用时无相关规范引导的空白。

近年来,国家不断出台新政策,对动力蓄电池的梯次利用进行有效指导与支持,为梯次利用的规模化奠定了良好的基础。

❸ 动力蓄电池回收技术

汽车动力蓄电池剩余能量的多少是回收利用的依据和基础条件。目前,汽车动力蓄电池的回收方法有两种:将电池直接拆卸,将拆卸后的电池配件或者资源再次使用;梯次利用,主要是将回收来的电池用在能量需求小的动力设备中,如备用电源设备、储能设备或低速汽车等。动力蓄电池回收工艺流程是首先要预处理,其次修复损坏电极并将有价金属浸出,最后进行纯化处理。

❹ 动力蓄电池回收现状

回收成本高和回收效益低这两个关键因素困扰着汽车动力蓄电池的回收企业。如今,国内的汽车电池回收企业都还刚刚起步,发展也不稳定,盈利微薄。要想获得良好的经济效益,还需要长时间的实践和积累。

现阶段,回收动力蓄电池的企业主要包括电池生产企业、汽车维修企业及报废拆解企业,回收利用产业链如图5-25所示,整车企业和动力蓄电池生产企业是责任主体,电池生产企业与整车厂一般只回收自己生产的电池类型。

图5-25 回收利用产业链

四 动力蓄电池回收利用面临的难题

❶ 废旧电池储存难

根据国家相关法律规定,电池存放地要满足丙二级以上的消防防范等级需要,如对废旧、拆换下的电池要做好隔离水、防爆等相关措施。如今,我国已经发布的各个省、自治区、直辖市电池回收处,多数是汽车销售企业,也就是汽车4S店。

然而,这些企业存储电池的量有限,基础设施也达不到要求,造成了极大的安全隐患。另外,针对回收企业反馈的信息,各个省市对回收标准并没有统一,企业在运输电池、存储电池和处理电池方面还存在着很多问题。

② 回收利用体系不健全

我国已经颁布了相关的电池回收政策,电池回收主体单位可以是汽车生产销售企业,也可以和一些相关企业建立规范化的回收系统。

然而,在具体的操作过程中,如在向国家申请应用追溯管理平台时,汽车企业往往以电池企业中的数据为基础,进而将一些不明确的责任转移给电池企业,所以会出现责任划分不清,互相推诿等问题。根据多省相关部门的信息反馈,电池回收每个环节监管都存在不同程度的问题和困难,同时,汽车生产企业只是在质保期内保证电池质量,对质保期外的电池并没有合理的质量保证措施。

③ 电池回收成本高

回收再利用的电池配件,例如,其电极能否满足生产企业对纯度和性能的需要,还需要大量的数据来证实。对于一些锂电池生产制造企业来说,回收电池的成本比购买新的原材料成本高出很多。另外,由于资源再生利用需要大量设备投入,融资成本较高,这也制约了动力蓄电池回收企业的技术突破与发展壮大。

五 动力蓄电池回收利用的市场机遇

① 政策支持

政府相继出台相关政策支持电池再利用产业发展。

② 新能源汽车市场增长

新能源汽车需求增加,带动电池再利用市场。近年来,国家工信部明确要求至2025年我国新能源汽车的销售量要占汽车总销售的25%,这表明动力蓄电池的使用量和退役量将逐年递增。

③ 技术创新

技术不断升级,推动电池再利用技术创新。新能源汽车产业属于新兴产业,2009年才开始正式进入我国的公共领域。在政府的大力扶持下,我国新能源汽车产业快速发展。随着新能源汽车与动力蓄电池技术的发展,退役动力蓄电池的回收利用技术也正逐步完善。

国内外研究动力蓄电池拆解技术的目的是在于提高电芯的完整度,同时实现自动化作业,减少人工拆解的安全性隐患,使得动力蓄电池拆解工序做到自动化、柔性化、高效化、安全化。

1)全自动动电拆解流程

全自动动电拆解流程如图5-26所示。

2)放电装置的研究现状

放电是大部分动力蓄电池拆解前的预处理工序,也有部分动力蓄电池装备通过控制切制条件不用放电而直接拆解。

目前主要的放电方式有物理放电法、化学放电法、物化结合放电法等,我国已经在动力蓄电池的放电方面取得了很多研究成果。2017年出现了一种自动放电系统,通过抓手抓取动力蓄电池,放入注有化学溶剂的放电池内,之后捞出通过清洗系统完成清洗,通过化学放电完成的动力蓄电池不会发生电压的反弹,但是放电速度慢,所产生的三废处理成本高。2018 年出现了一种便携式动力蓄电池放电设备,该设备的放电形式与普通的功率电阻放电不同,通过放电线路的创新型设计,有效解决了批量化电阻放电完成不同步的问题,并且利用反充电方式,消除了物理放电后电压反弹的难题。2019 年出现了一种放电粒,将放电粒导入放电罐中,再将动力蓄电池投入其中,通过搅拌使动力蓄电池与放电粒不断接触,从而实现动力蓄电池的大批量放电。

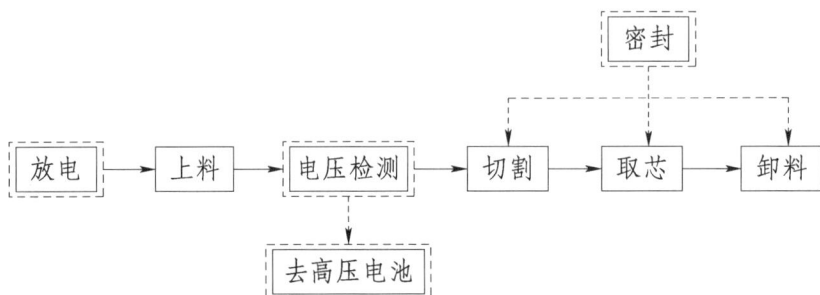

图 5-26   全自动动电拆解流程

④ 资本市场投资热情

在投资规模上,众多资本巨头纷纷入场,大量资金如潮水般涌入电池再利用领域。风险投资机构不断加大单笔投资额度,动辄数千万乃至上亿美元的资金被注入新兴的电池回收与再利用企业。例如,一些专注于新能源领域的投资基金,专门划出巨额资金池,定向投资于有潜力的电池再利用项目,在过去几年间,整体投资金额呈现出数倍的增长态势,无论是初创型的技术研发企业,还是致力于大规模回收处理的产业化公司,都获得了前所未有的资金支持。

六   国外动力蓄电池回收利用的经验

❶ 完善的法律法规体系

日本构建了"三位一体"法律体系,通过《循环型社会形成推进基本法》《固体废弃物管理和公共清洁法》等综合法律,以及针对动力蓄电池回收的特别法,如 2022 年 8 月的新版《蓄电池产业战略》,明确了动力蓄电池回收与再利用的合法性,引导行业健康发展。

❷ 成熟的回收体系

(1)多元化回收渠道:日本建立了"生产—销售—回收"体系,消费者可将废旧电池交给销售商、维修企业等,再由专业回收公司处理,形成"逆向物流"。美国则通过组织电子废物收集活动、设置废弃电池投放点等,扩大回收渠道。

(2)企业合作与责任延伸:宝马携手上下游合作伙伴,创建动力蓄电池闭环回收商业模式,实现电池从生产到回收的全过程追踪和循环利用。日本的丰田、住友金属矿山等企业也积极参与电池回收,承担社会责任。

❸ 先进的技术研发

(1)高效拆解与提取技术:发达国家对废铅酸蓄电池采用现代化全机械自动化回收系

统,在封闭、负压条件下粉碎分选,并配备完善的废气废水处理措施。住友金属矿山公司开发出从废旧锂离子电池中回收多种金属并转化为高性能正极材料的技术。

(2)梯次利用技术:美国一家能源公司将剩余容量较高的旧电池用于太阳能发电厂储能,宝马也将剩余容量较高的退役电池用于储能及叉车等领域。

4 有效的宣传教育与公众意识提升

日本将每年 10 月设为"3R 推进月",普及"3R 制造"理念,增强公众对资源回收与再利用的认可。美国能源部通过资助项目,开发网络教育平台,开展宣传教育活动,提高民众的电池回收意识。

七 案例分析

1 国外案例

1)德国案例

德国政府在新能源汽车电池回收方面采取了严格的监管措施,要求电池生产商在电池生命周期结束后负责回收和再利用。生产商通过建立回收网络和利用技术手段,实现了电池的高效回收和再利用,为全球提供了借鉴经验。

2)日本案例

日本在新能源汽车电池回收方面采用了多元化回收模式,鼓励企业和社会公众参与回收。政府制定了一系列激励政策,如对回收电池的企业给予税收优惠和补贴,同时建立了完善的回收体系,确保电池得到妥善处理和再利用。

2 国内案例

1)北京案例

北京市在新能源汽车电池回收方面采取了政府引导、企业参与的模式。政府出台相关政策,要求电池生产商和汽车制造商承担回收主体责任。企业通过建立回收网络和研发回收技术,实现了电池的高效回收和再利用,为北京市的新能源汽车产业可持续发展提供了有力支持。

2)上海案例

上海市在新能源汽车电池回收方面注重技术创新和产业协同。政府支持企业开展电池回收技术研发,推动产学研合作,同时鼓励产业链上下游企业加强合作,共同推进电池回收和再利用产业的发展。通过这些措施,上海市在新能源汽车电池回收方面取得了显著成效,为全国提供了借鉴经验。

任务实施

一 任务准备

本任务采用工学一体化教学模式,按照学生 30 人,每组 5 人,每组任命 1 名小组长,进行具体任务的分工和工量具的清点(表 5-6)。

任务准备清单   表 5-6

实训项目	实训器材	说明	数量
动力蓄电池回收计划书撰写	可以联网查询的电脑	关于充电桩的资料查询	6
	相关文具	编写商业报告书	6

二 实施步骤

1. 按照表 5-7 完成相关工作。

作业前准备   表 5-7

作业前准备	①检查动力蓄电池回收的相关资料
	②资料的分类整理

2. 计算单体电池处理的成本（表 5-8）。

单体电池的拆解成本   表 5-8

序号	项目	参数或数据
1	动力蓄电池重量	
2	动力蓄电池的金属数量	
3	动力蓄电池拆解方法	全部拆解
4	工作时间	小时
5	单位工作公价	
总计		

3. 计算废旧动力蓄电池拆解之后销售价格（表 5-9）。

废旧动力蓄电池的销售价格   表 5-9

序号	项目	参数或数据
1	废旧动力蓄电池拆解之后销售价格	
总计		

4. 计算单体废旧电池处理的回收利润（表 5-10）。

单体废旧电池回收利润   表 5-10

序号	项目	参数或数据
1	单体电池的拆解成本	
2	废旧动力蓄电池拆解之后销售价格	
3	单体电池废旧的回收利润	

5. 对比直接废旧电池回收价格与拆解之后利润,得出结论。

三 任务实施考核(表5-11)

活动评价表 表5-11

班级:　　　　　　　　　组别:　　　　　　　　　姓名:

项目	评价内容	分数（分）	评价指标		
			自评	互评	教师评价
关键能力考核项目（30%）	遵守纪律、遵守学习场所管理规定,服从安排	5			
	安全意识、责任意识,5S管理意识,注重节约、节能与环保	5			
	学习态度积极主动,能参加实习活动安排	7			
	团队合作意识,注重沟通,能自主学习及相互协作	8			
	仪容仪表符合活动要求	5			
专业能力考核项目（70%）	按时按要求完成实施任务	40			
	工具、设备选择得当,使用符合技术要求	10			
	操作规范,符合要求	5			
	学习准备充分,齐全	10			
	注重工作效率与工作质量	5			
总分		100			
小组评价			组长签名:		
教师评语			教师签名:		

📖 知识拓展

动力蓄电池回收的创新实践

上海伟翔众翼新能源科技有限公司是上海市经信委批准的新能源动力蓄电池综合回收利用示范基地,其动力蓄电池循环再生项目体现了党的二十大中关于绿色发展、循环经济的要求。项目采用自主设计的全自动物理破碎分选工艺,省去盐水放电环节,避免大量废水废气产生;运用低温蒸发、冷凝方法回收电解液再资源化利用,减少二氧化碳排放,实现了资源最大化利用和生态环境保护。

浙江省长兴县联合天能集团则深入实施废铅蓄电池回收产业链治理现代化改革,构建全链条管理服务体系,通过开发上线全国首个废铅蓄电池回收综合服务平台,形成"逆向回收"链条,实现全链信息融通、回收流程再造和循环体系重构,推动了产业升级和可持续发展,为循环经济发展提供了有力支撑,契合党的二十大提出的推动绿色发展,促进人与自然和谐共生的理念。

巩固练习

一、选择题

1. 动力蓄电池在容量低于标称容量的(　　)后,便不再适合新能源汽车使用,需要更换。

    A. 50%   B. 60%   C. 70%   D. 80%

2. (　　)金属回收率较高,但化学试剂可能会造成环境污染。

    A. 浸出法   B. 电化学法   C. 煅烧还原法   D. 超声波法

3. 目前我国动力蓄电池回收利用面临的难题有(　　)。

    A. 废旧电池储存难   B. 回收利用体系不健全

    C. 电池回收成本高   D. 市场需求量小

二、填空题

1. _____是一种较为传统的蓄电池,其电极主要由铅和二氧化铅组成,电解液是硫酸溶液。

2. _____的正极是氢氧化镍,负极是储氢合金,电解液一般是氢氧化钾溶液。

3. _____具有高能量密度、长循环寿命、自放电率低等优点,能够满足新能源汽车对续航里程和动力性能的要求。不过其安全性需要严格把控,而且成本相对较高,特别是含有锂等稀有金属。

三、简答题

1. 简述新能源汽车动力蓄电池回收的意义。
2. 简述动力蓄电池回收的方法及特点。

附录 Ⅰ

教材配套数字资源清单

序号	资源名称	资源类型	二维码	书中页码
1	比亚迪秦 EV 铭牌参数解读	视频		5
2	锂离子蓄电池的工作原理	视频		16
3	比亚迪秦 EV 动力蓄电池包特点解析	视频		30
4	PTC 加热器	视频		43
5	单体电池内阻检查	视频		61
6	预充电阻、继电器的检测	视频		61
7	故障诊断仪的使用	视频		76
8	新能源汽车维修检测设备	视频		76
9	动力蓄电池的维护	视频		83
10	动力蓄电池的拆装	视频		93
11	新能源汽车快充与慢充	视频		106

附录 II
"新能源汽车动力蓄电池系统构造与检修"课程参考标准

【课程名称】新能源汽车动力蓄电池系统构造与检修

【参考学时】80 学时,理论教学 36 学时,实训教学为 44 学时

【适用专业】新能源汽车检测与维修专业

【课程性质】专业核心课(一体化教学)

一 课程性质

本标准依据新能源汽车检测与维修专业人才培养方案中的人才培养目标与规格和动力蓄电池及维护管理课程教学目标要求而制定,用于指导动力蓄电池及维护管理课程建设与课程教学。

本课程为第三学期开设,总学时为 80 课时。其中,理论教学 36 课时,实习实训教学 44 学时。

二 课程作用

新能源汽车动力蓄电池系统构造与检修是新能源汽车检测与维修专业的核心课程之一。本课程以培养学生对新能源汽车动力蓄电池的类型、工作原理及维护、检测和维修等职业能力为重点,要求学生掌握新能源汽车对动力蓄电池的性能要求和不同类型动力蓄电池的工作原理和应用特点,熟知市面上几款主流车型的动力蓄电池的性能参数,对动力蓄电池进行维护及故障检修。通过本课程的学习能够为后续专业课程的学习打下坚实的基础,是培养合格的新能源汽车领域工程技术人员的重要课程。本课程与主要相关课程的关系见下表。

序号	前期的主要课程名称	需要掌握的知识和基本能力
1	汽车常用工量具使用	掌握常用工量具的使用方法
2	新能源汽车高压安全与防护	掌握高压安全以及高压操作规范
3	新能源汽车构造与维修	掌握新能源汽车的基本结构和总成部件的认知
4	汽车机械基础	掌握汽车典型零件的结构、材料及作用

序号	后续的主要课程名称	需要掌握的知识和基本能力
1	新能源汽车电气系统检修	掌握新能源汽车电气系统的检修能力
2	新能源汽车接车与维护	掌握各维护项目的规范操作
3	新能源汽车检测与故障诊断	掌握新能源汽车故障分析与诊断的能力
4	电动汽车充电桩安装调试与运行维护	掌握充电设备的安装以及各维护项目的规范操作
5	新能源汽车综合实训	掌握新能源汽车的全方位技能规范

三 课程目标

学生通过本课程的学习,可以从理论上了解新能源汽车对动力蓄电池的性能要求、不同类型动力蓄电池的工作原理和应用特点。通过课程实训掌握工具和专业设备的正确使用,能够按照维修手册要求对动力蓄电池进行维护以及故障检测与诊断,并且在课程实训中做到标准、规范,注重安全环保事项,自觉保持安全和整洁的工作环境,提升学生的职业素养,使学生成为专业理论、岗位技能、职业素养兼备的合格人才。

❶ 知识目标

(1)掌握新能源汽车对动力蓄电池的性能要求;

(2)掌握不同类型动力蓄电池的工作原理和应用特点;

(3)熟悉锂离子动力蓄电池成组技术;

(4)掌握动力蓄电池系统功能和工作原理;

(5)了解动力蓄电池常见的故障现象和原因。

❷ 能力目标

(1)能规范使用新能源汽车维修检测相关的工具、量具和设备;

(2)能够按照动力蓄电池维修手册的要求正确拆装动力蓄电池;

(3)能够对照使用手册的要求正确对动力蓄电池进行日常维护;

(4)能够按照维修手册的要求完成对动力蓄电池的故障检修。

❸ 素质目标

(1)培养踏实肯干的工作态度,养成良好的工作习惯,树立安全意识;

(2)培养团队精神和协作精神;

(3)培养良好的心理素质和克服困难的能力;

(4)培养较强的责任意识。

四 课程教学内容与建议学时

工作任务		知识点与技能点	知识目标	技能目标	素质目标	教学实施建议	参考总学时
项目一 新能源汽车动力蓄电池基础概述	任务一 新能源汽车动力蓄电池性能认知	1.动力蓄电池的作用 2.动力蓄电池的分类 3.新能源汽车对动力蓄电池的要求 4.动力蓄电池的性能指标	1.了解动力蓄电池的分类；2.掌握动力蓄电池的性能指标及要求	能够根据车辆铭牌，描述动力蓄电池性能及相关参数	1.培养学生职业素养，提高学生的职业道德；2.培养学生的创新意识、自主学习、分析问题和解决问题的能力；3.培养学生团队合作精神和沟通能力	1.信息化教学；2.实物认识；3.小组讨论	4
	任务二 主流单体蓄电池类型及结构认知	1.金属氢化物镍蓄电池的结构、原理及特点 2.锂离子蓄电池的结构原理及特点 3.燃料电池的结构原理及特点	1.了解动力蓄电池单体的原理及结构；2.掌握动力蓄电池单体的特点及性能对比	能够根据动力蓄电池铭牌，描述动力蓄电池的类型、特点及相关参数的计算		1.信息化教学；2.播放动画；3.小组讨论	8
项目二 动力蓄电池系统构造认知	任务一 动力蓄电池结构认知	1.动力蓄电池成组的组合特点 2.动力蓄电池的结构 3.比亚迪秦EV动力蓄电池结构	1.了解动力蓄电池的结构；2.掌握动力蓄电池单体成组的特点；3.了解比亚迪秦EV动力蓄电池的结构	能够根据动力蓄电池铭牌信息，描述动力蓄电池单体成组的特点等信息	1.培养学生职业素养，提高学生的职业道德；2.培养学生的创新意识、自主学习、分析问题和解决问题的能力；	1.信息化教学；2.实验实训；3.小组讨论	8

工作任务		知识点与技能点	知识目标	技能目标	素质目标	教学实施建议	参考总学时
项目二 动力蓄电池系统构造认知	任务二 动力蓄电池管理系统认知	1. 动力蓄电池管理系统的结构组成	1. 了解动力蓄电池管理系统的原理及结构；2. 掌握动力蓄电池管理系统的主要功能及工作模式	能够准确描述动力蓄电池管理系统各部件名称及功能	3. 培养学生团队合作精神和沟通能力	1. 信息化教学；2. 实验实训；3. 小组讨论	8
		2. 动力蓄电池管理系统的工作原理					
		3. 电池管理系统的主要功能					
		4. BMS 的工作模式					
项目三 动力蓄电池系统检测	任务一 动力蓄电池评估与装调	1. 动力蓄电池评估项目	1. 熟悉动力蓄电池评估与装调的内容；2. 掌握动力蓄电池装调与更换的方法	能够对动力蓄电池进行故障诊断及维修	1. 培养学生职业素养，提高学生的职业道德；2. 培养学生的创新意识、自主学习、分析问题和解决问题的能力；3. 培养学生团队合作精神和沟通能力	1. 信息化教学；2. 实验实训；3. 小组讨论	10
		2. 动力蓄电池装调					
	任务二 动力蓄电池系统故障诊断	1. 动力蓄电池故障分级				1. 信息化教学；2. 实验实训；3. 小组讨论	10
		2. 故障指示灯					
		3. 动力蓄电池故障检修					

工作任务	知识点与技能点	知识目标	技能目标	素质目标	教学实施建议	参考总学时
项目四 动力蓄电池维护及更换	任务一 动力蓄电池的维护 1.动力蓄电池的维护 2.动力蓄电池的保养内容	1.掌握动力蓄电池的一级维护内容; 2.掌握动力蓄电池的二级维护内容	能够完成动力蓄电池的维护操作	1.培养学生规范操作、团结协作的精神及8S现场管理的习惯; 2.培养学生查阅资料、整理资料的能力	1.信息化教学; 2.实验实训; 3.小组讨论	8
	任务二 动力蓄电池的更换 1.检查准备工作 2.动力蓄电池的拆卸 3.动力蓄电池的安装 4.动力蓄电池更换的注意事项	1.掌握动力蓄电池的拆装流程; 2.掌握动力蓄电池的拆装方法	能够完成动力蓄电池的更换并进行规范化操作		1.信息化教学; 2.实验实训; 3.小组讨论	10
项目五 动力蓄电池充电与回收利用	任务一 动力蓄电池充电及能量回收 1.新能源汽车充电系统的结构组成 2.新能源汽车的充电方式 3.新能源汽车充电操作注意事项 4.制动能量回收功能 5.制动能量回收工作原理 6.能量回收功能测试	1.能够描述新能源汽车充电系统的组成; 2.能够描述新能源汽车的充电方式及其特点; 3.能够描述新能源汽车充电操作的注意事项; 4.能够描述制动能量回收工作原理	1.能够进行充电操作; 2.能够更换车载充电器	1.在动力蓄电池充电及能量回收相关工作中,始终遵循安全规范和环保要求,树立高度的安全意识和环保意识,确保操作过程无安全隐患,减少能源浪费和环境污染;	1.信息化教学; 2.实验实训; 3.小组讨论	10

工作任务		知识点与技能点	知识目标	技能目标	素质目标	教学实施建议	参考总学时
项目五 动力蓄电池充电与回收利用	任务二 动力蓄电池回收利用	1. 新能源汽车的动力蓄电池回收的重要性及回收流程	1. 熟悉新能源汽车动力蓄电池的回收; 2. 掌握汽车新能源动力蓄电池回收技术标准	1. 理解动力蓄电池回收的项目现状; 2. 掌握动力蓄电池回收技术标准	2. 培养团队协作精神,能够与小组其他成员有效沟通、密切配合,共同推进项目进展; 3. 养成服从管理、规范作业的良好工作习惯; 4. 具备持续学习和创新的意识,关注动力蓄电池技术领域的前沿动态,不断探索新的充电技术和能量回收策略,为提高动力蓄电池系统性能贡献自己的智慧和力量	1. 信息化教学; 2. 实验实训; 3. 小组讨论	4
		2. 动力蓄电池回收技术与方法					
		3. 动力蓄电池回收现状研究					
		4. 动力蓄电池回收利用面临的难题					
		5. 动力蓄电池回收利用的市场机遇					
		6. 国外动力蓄电池回收利用的经验					

五 课程考核方式

考核方法	权重	描述		
平时成绩	30%	出勤情况	课堂表现	项目单完成情况
		20%	40%	40%
理论成绩	30%	实行笔试,百分制		
小组讨论	40%	考核项目单填写		内容契合度
		30%		70%

六 课程教学建议

(一)教材和教学参考书

❶ 教材编写建议

(1)教材按项目进行编写,有利于模块化教学和双证融通的实施。

(2)每个项目首页有学习目标(知识目标、能力目标、素质目标)。知识目标以能够说出、描述、叙述等区分掌握知识的层次,能力目标以认识、指出、能够、学会等区分掌握技能的能力。

(3)每个项目以案例导入与服务方案引入,应选择能包含本项目主要知识点和核心岗位能力的案例作为引入案例,使学生带着探索问题进入学习环境。

(4)每个项目应列出拓扑图,即通过本项目的学习应掌握哪些职业岗位能力,本项目安排哪些对应的实训项目,应掌握哪些知识点,拓扑图应表现出这三者的相关关系。

(5)每个项目应编写针对本模块培养的职业岗位能力所对应的技能实训内容。技能实训应包括安全要求及注意事项、实训设备、工具耗材要求,以及图文并茂的实训指导。实训指导应根据汽车主机厂的维修资料进行编写,结合学生的认知规律和心理特点进行编写,以图为主,文字说明,符合原厂操作规范和技术要求。

(6)最后应编写练习和思考题。

(7)每个模块应编写实训项目作业书,实训项目作业书与实训指导对应,编写应突出过程纪录。分析与和归纳总结。

❷ 推荐教学参考书

(1)左小勇,袁斌斌主编的《动力蓄电池管理及维护技术》。

(2)张家佩,许平主编的《新能源汽车动力蓄电池管理及维护技术》。

(3)北汽 EV160、EV200 整车电路图及维修手册。

(4)比亚迪 E5、E6 整车电路图及维修手册。

(二)教学条件

❶教师基本要求

(1)熟悉新能源汽车构造与维修知识,掌握动力蓄电池的结构知识,具有拆装、检测与维修动力蓄电池的能力,能进行动力蓄电池各系统的故障诊断与排除作业。

(2)具有一定的教学能力和课堂组织能力,能将各种教学法灵活运用在教学中。

(3)课程带头人:高级以上职称的"双师型"教师,具有本课程3年以上的教学经历,具有本课程丰富的教学经验,能带领教师进行教学研讨、改革与创新。

❷教学硬件环境的基本要求

实施动力蓄电池及维护管理课程教学必须具备下列场地与设备条件:

(1)至少有一个独立分割的理实一体化的动力蓄电池拆装单体实训室,场地面积不小于150m²;照明系统按照有关规范要求配置;单体实训室内安装配电箱,容量3KVA,分别配置220V和380V电源。

(2)动力蓄电池拆装单体实训室内硬件条件:

编号	名称(主要设备)	单位	数量	基本配置
1	课桌椅	套	25	与学生数配套
2	教学设备	个	各1	讲台、投影仪、幕布
				白板、白板笔、电脑
		个	1	大屏幕电视(选配)
		套	1	网络系统
3	新能源汽车	辆	4	各车系车型
4	低位运输器	台	2	课程配套设备
5	吊机	台	2	课程配套设备
6	高位运输器	台	2	课程配套设备
7	动力蓄电池总成	台	4	各车系车型
8	动力蓄电池举升平台	台	2	课程配套设备
9	动力蓄电池教学实训台	台	4	各类型动力蓄电池
10	动力蓄电池充放电实训台	台	2	充电模式2、3
11	充电桩	台	2	课程配套设备
12	电池安全检验实训台	台	1	课程配套设备

参 考 文 献

[1] 孔超.纯电动汽车电池及管理系统拆装与检测[M].北京:机械工业出版社,2018.

[2] 李楷,吉世岳,吴中华.新能源汽车动力电池原理及故障诊断[M].长沙:湖南科学技术出版社,2021.

[3] 蒋鸣雷.新能源汽车动力电池结构与检修[M].北京:机械工业出版社,2018.

[4] 解福泉,钟原,马丽.新能源动力电池及管理系统检修[M].北京:机械工业出版社,2023.

[5] 吴荣辉.新能源汽车结构原理与检修[M].北京:机械工业出版社,2022.